Les Grandes Femmes de l'histoire de France

Catherine Valenti

FIRST
ÉDITIONS

ISBN : 978-2-412-07989-8
Dépôt légal : juillet 2022
Imprimé en Italie par Lego en mai 2025
Code éditeur : S07989/4

Mise en pages : Sophie Boscardin

Éditions First, un département d'Édi8
92, avenue de France
75013 Paris – France
Tél. : 01 44 16 09 00
E-mail : firstinfo@efirst.com
Site internet : www.editionsfirst.fr

INTRODUCTION

Les femmes, sujets d'histoire ? Pendant longtemps, elles n'ont pas intéressé les historiens. Il faut dire que si les femmes ont de tout temps été présentes aux côtés des hommes, elles l'ont été davantage comme des compagnes, des muses ou des inspiratrices que comme des actrices à part entière. Jusqu'au XXVIIIe siècle, épouses de roi ou favorites royales, elles n'ont souvent exercé qu'une influence indirecte sur les événements de leur temps. Rares sont celles qui ont transgressé les limites de leur genre pour investir, comme Jeanne d'Arc, le champ si masculin du militaire, ou pour diriger la France d'une main de fer comme Catherine de Médicis. Avant le XIXe siècle, les femmes n'avaient pas voix au chapitre et ne disposaient que des armes traditionnelles que les hommes voulaient bien leur laisser : leur beauté, leur charme, parfois aussi leur esprit à condition toutefois qu'il ne leur serve pas à revendiquer une quelconque égalité. Le beau sexe se devait en effet de rester le sexe faible…

Ce n'est véritablement qu'avec la Révolution française que surgissent sur le devant de la scène des femmes politiquement engagées, qui investissent la place publique au grand dam d'ailleurs des hommes de leur époque : la misogynie des royalistes envers les femmes révolutionnaires n'a d'égale que celle des hommes de 1789, comme en témoigne l'hostilité générale à laquelle se sont heurtées Olympe de Gouges, autrice en 1791 d'une « Déclaration des droits de la femme et de la citoyenne » dans laquelle elle réclamait pour les femmes le droit de monter à la tribune – elle n'aura que celui de monter à l'échafaud –, ou encore la sans-culotte Théroigne de Méricourt, stigmatisée avant la lettre comme une hystérique pour avoir osé militer en faveur du droit des femmes à porter les armes !

La Révolution n'en marque pas moins pour les femmes le début d'une longue marche vers l'égalité, parcours semé d'embûches dans lequel s'engagent dès 1789 les premières « féministes » : si le terme n'apparaît qu'à la fin du XIXe siècle, la revendication égalitaire est présente dès la fin du XVIIIe… Ainsi voit-on de plus en plus de femmes sortir des rôles féminins traditionnels pour s'illustrer dans des domaines nouveaux pour elles : à côté de l'alternative « ménagère ou courtisane », la seule possible d'après l'antiféministe Proudhon – on pourrait y ajouter la vie religieuse –, de nouvelles possibilités s'ouvrent désormais du côté de la politique, de la science ou du droit, non sans réticences parfois encore sensibles en ce début de XXIe siècle.

Aujourd'hui, l'histoire privilégie les actrices anonymes du passé, comme elle met dorénavant l'accent sur les masses plus que sur les individus. Pour autant, les itinéraires individuels continuent à nous fasciner, plus encore peut-être dans le cas des femmes qui ont dû, pour passer à la postérité, surmonter un certain nombre d'obstacles : insuffisance voire absence d'éducation, infériorisation sociale et politique – et cela est vrai même pour les reines qui, en France, ne sont jamais que les épouses des rois. Ce sont tous ces parcours féminins, typiques ou singuliers, qui sont retracés ici. Très célèbres ou moins connues, ces femmes ont contribué à tisser, au même titre que les hommes, la trame si bigarrée de l'histoire de France.

ALIÉNOR D'AQUITAINE

Reine de France puis d'Angleterre (1122-1204)

Aliénor d'Aquitaine se doutait-elle en 1152 qu'en divorçant du roi de France Louis VII pour épouser le futur roi d'Angleterre Henri II Plantagenêt, elle donnait le signal de plusieurs siècles d'affrontement entre le royaume de France et son voisin d'outre-Manche ? Grâce à Aliénor, en effet, Henri II met la main sur le duché d'Aquitaine et le comté de Poitiers : aux côtés de sa nouvelle épouse, il règne ainsi à partir de 1154 sur un royaume qui s'étend de l'Écosse aux Pyrénées, menaçant directement les possessions du roi de France. Le mariage entre Aliénor et son premier mari le pieux roi Louis était, il est vrai, mal assorti. Éprise à la fois de belles-lettres et de libertinage, Aliénor est l'exact opposé du grave et dévot Louis VII. L'ayant accompagné à Antioche lors de la deuxième croisade, de 1147 à 1149, elle se console de son mal-être conjugal dans les bras des vaillants chevaliers de son mari. De retour en France, elle obtient l'annulation de son mariage sous prétexte d'un lien de consanguinité au sixième degré avec Louis VII. Désormais libre, elle épouse Henri Plantagenêt moins de deux mois plus tard.

Ayant pris en 1173 le parti de ses fils – dont le fameux Richard Cœur de Lion – révoltés contre leur père, elle est emprisonnée par ce dernier et n'est libérée qu'à la mort d'Henri II en 1189. Négociant en 1202 le mariage de sa petite-fille Blanche de Castille avec le futur Saint Louis, elle met un terme provisoire au conflit franco-anglais qu'elle avait elle-même déclenché, et meurt paisiblement en 1204 à l'abbaye de Fontevraud. La querelle entre la France et l'Angleterre sera toutefois relancée au siècle suivant, avec le début de la guerre de Cent Ans.

BLANCHE DE CASTILLE

Reine de France (1188-1252)

Petite-fille d'Aliénor d'Aquitaine, Blanche de Castille semble avoir hérité du fort caractère de sa grand-mère. Geoffroy de Beaulieu, le confesseur de son fils Saint Louis, la qualifiera même de « parfaite virago » ! Mais le terme désigne simplement à l'époque une femme à poigne, celle qui « agit comme un homme », et il fallut effectivement à Blanche bien de la détermination pour affronter son destin…

Mariée à douze ans au fils aîné de Philippe Auguste – le futur Louis VIII le Lion –, sacrée et couronnée à Reims en même temps que lui le 6 août 1223, elle est déjà mère de onze enfants quand Louis VIII meurt de la dysenterie le 8 novembre 1226. Sur son lit de mort, il a confié la France à sa femme. Blanche de Castille devient ainsi de fait la première régente du royaume, sans en porter officiellement le titre qui n'existe pas encore à l'époque : l'aîné de ses fils, le futur Saint Louis, n'a en effet que douze ans…

Rien n'est facile pour la nouvelle maîtresse du pays : les barons supportent mal la tutelle d'une femme, étrangère de surcroît – elle est la fille du roi de Castille Alphonse VIII – et Blanche doit mater toute une série de révoltes. En 1234, quand son fils devient majeur, elle lui laisse un royaume pacifié, où l'autorité royale a été fermement rétablie. Elle conserve jusqu'à la fin de sa vie une influence politique importante – voire excessive, si l'on en croit Geoffroy de Beaulieu… Saint Louis n'hésite pas d'ailleurs à lui confier à nouveau la régence en 1249 quand il part pour la septième croisade. Elle meurt en 1252 sans avoir revu son fils adoré.

CHRISTINE DE PISAN

Femme de lettres (v. 1364-v. 1430)

Récit allégorique paru en 1405, *La Cité des Dames* de Christine de Pisan est considérée comme l'un des premiers ouvrages féministes de la littérature mondiale : il met en effet en scène un monde imaginaire où les femmes apportent à la société une contribution aussi indispensable que celle des hommes. Sans doute Christine de Pisan s'est-elle inspirée en partie de sa propre expérience : née à Venise en 1364, elle n'a que quatre ou cinq ans quand elle suit son père en France, où ce dernier a été nommé médecin-astrologue du roi Charles V. Mariée très jeune, à quinze ans à peine, au secrétaire du roi, Étienne Castel, elle se retrouve veuve à vingt-cinq ans, sans fortune, sans appui – son père est mort lui aussi – et avec trois enfants en bas âge.

Ce sont ces difficultés matérielles qui poussent Christine à prendre la plume. Obligée de travailler pour nourrir ses enfants, elle choisit en effet le métier… d'homme de lettres ! « De femelle devins masle », écrira-t-elle d'ailleurs en 1403 dans *Le Livre de mutacion de fortune* pour décrire sa carrière littéraire, si étonnante pour une femme de son époque. Car Christine écrit avant tout

pour conseiller les princes : en 1404, Philippe le Hardi, frère du roi, lui commande ainsi un ouvrage, les *Faits et actes du sage roy Charles Quint*.
Également autrice de centaines de poèmes, dans lesquels elle met en garde les femmes contre les pièges de l'amour courtois, Christine de Pisan passe la fin de sa vie retirée au monastère de Poissy où elle meurt en 1429 ou 1430.

JEANNE D'ARC

Héroïne nationale (1412-1431)

La courte vie de Jeanne d'Arc est tellement célèbre que les différents épisodes en sont devenus de véritables images d'Épinal : la jeune bergère lorraine qui, alors qu'elle garde ses moutons à Domrémy, croit entendre saint Michel, sainte Catherine et sainte Marguerite lui ordonner d'aller « bouter les Anglais hors de France » ; son arrivée au château de Chinon où, le 8 mars 1429, elle reconnaît le roi Charles VII sans l'avoir jamais vu, et réussit à le convaincre d'aller délivrer Orléans assiégée, chose faite dès le 7 mai suivant ; le sacre du roi à Reims le 17 juillet 1429, rendu possible grâce à Jeanne et qui confère au roi une légitimité désormais inattaquable ; son arrestation le 23 mai 1430 et son exécution le 30 mai 1431 à Rouen, Jeanne ayant été condamnée à être brûlée vive sur la place du marché…

Mais la vie posthume de Jeanne est tout aussi riche que son existence terrestre : la « Pucelle d'Orléans » a très vite acquis en effet le rang d'héroïne nationale, symbole de la résistance face à l'ennemi – ce qui lui a également valu plus récemment une récupération à l'extrême droite de l'échiquier politique… Canonisée en mai 1920 par une papauté avide de renouer de bonnes relations avec la République française, Jeanne d'Arc continue de susciter les passions : un récent ouvrage ne vient-il pas de remettre en cause, sinon son existence, en tout cas son origine d'humble bergère et, surtout, son exécution de 1431 ? La Pucelle aurait en effet épousé en 1436 le chevalier Robert des Armoises ! Encore un mythe qui s'effondre…

AGNÈS SOREL

Favorite royale (v. 1422-1450)

D'Agnès Sorel, il nous reste un portrait célèbre peint par Jean Fouquet, représentant, sous les traits d'une Vierge à l'Enfant, celle que ses contemporains considéraient comme l'une des plus belles femmes du royaume. La jeune femme y apparaît la poitrine à moitié dévêtue, selon la mode qu'elle avait elle-même contribué à lancer à la cour du roi Charles VII.

Si Agnès Sorel a laissé son nom dans l'histoire, ce n'est pas seulement à cause de sa beauté : c'est aussi parce qu'elle fut la première à porter le titre de favorite officielle du roi de France, inaugurant ainsi une « fonction » qui allait voir se succéder bien des titulaires jusqu'à la fin du XVIIIe siècle ! Née vers 1422, fille d'un seigneur appartenant à la suite du comte de Clermont, la jeune Agnès reçoit une éducation soignée et devient dame de compagnie d'Isabelle de Lorraine, épouse du roi René. En 1443, elle rencontre à Toulouse le roi de France Charles VII qui, fasciné par sa beauté, en fait immédiatement sa maîtresse.

L'influence politique de la belle Agnès sur le roi a été largement surestimée : si elle a favorisé la carrière de certains de ses protégés – notamment le marchand Jacques Cœur –, elle n'a guère contribué à la marche des affaires du royaume, plus préoccupée par ses robes bordées de fourrure précieuse et ses vertigineuses coiffures pyramidales. Pourtant, la belle blonde au teint clair a suscité haines et jalousies : une autopsie de ses restes réalisée récemment montre que la favorite de Charles VII, morte à vingt-huit ans d'un « flux de ventre », a sans doute été empoisonnée…

JEANNE HACHETTE

Femme de guerre (1454- ?)

On sait peu de choses de Jeanne Laisné, dite Fourquet, surnommée Hachette, même si la ville de Beauvais abrite encore aujourd'hui une statue en pied de celle qui résista victorieusement à Charles le Téméraire. La légende se mêle ici étroitement à l'histoire, presque autant que pour une autre Jeanne qui fut presque sa contemporaine : Jeanne d'Arc.

La tradition est renforcée ici par l'imagerie d'Épinal : qui n'a pas vu au moins une fois une représentation de la farouche Jeanne dressée contre l'assaillant, armée seulement de la hachette qui lui vaudra son surnom ? Le contexte historique est en tout cas véridique : en 1472, le duc de Bourgogne Charles le Téméraire, rival du roi Louis XI, a envahi le nord du royaume de France où il ravage sans pitié villes et villages. Le 27 juin 1472, il est devant Beauvais. Terrifiés, les Beauvaisiens serrent les rangs à l'intérieur des murs. C'est alors qu'une jeune habitante de la ville – elle n'a que dix-huit ans – se lance à l'assaut des Bourguignons, brandissant à bout de bras une petite hache. Galvanisées par cet exemple, les femmes de la ville parviennent à repousser les assiégeants, stoppant net la progression en France de Charles le Téméraire.

Si l'action des femmes de Beauvais a bien été décisive, les exploits de Jeanne Hachette, voire son existence même, sont aujourd'hui fortement mis en doute. Reste que perdure encore aujourd'hui à Beauvais la procession de l'Assaut, instaurée par Louis XI dès 1473 pour célébrer la victoire sur le Téméraire : le jour de la sainte Agadrème défile à travers la ville un long cortège où les femmes précèdent les hommes, en souvenir de la glorieuse conduite de leurs ancêtres aux côtés de Jeanne Hachette…

ANNE DE BRETAGNE

Reine de France (1477-1514)

Anne de Bretagne a été toute sa vie au centre des luttes d'influence qui aboutiront après sa mort au rattachement de la Bretagne au royaume de France. Devenue duchesse de Bretagne à onze ans, lorsque son père meurt en 1488, elle parvient malgré son jeune âge à maintenir l'indépendance du duché. Mais en choisissant en 1490 d'épouser Maximilien d'Autriche, Anne viole une des clauses du traité du Verger signé par son père en 1488, et qui interdit à son héritière de prendre époux sans l'accord du roi de France. En 1491, Charles VIII assiège Rennes où Anne s'était réfugiée ; elle capitule et, après l'annulation de sa première union, épouse Charles VIII, le 6 décembre 1491. Le contrat de mariage stipule que les deux époux s'échangent leurs droits sur la Bretagne ; en cas de veuvage, et en l'absence d'héritier mâle, Anne sera tenue d'épouser le successeur de Charles VIII !

Le cas de figure se présente en 1498 : après le décès brutal de Charles VIII, la couronne échoit à son cousin Louis XII. Mais ce dernier est déjà marié. Qu'à cela ne tienne : il obtient illico l'annulation de son union avec

Jeanne de France, épouse Anne à Nantes le 8 janvier 1499 et devient duc consort de Bretagne, exerçant le pouvoir régalien dans le duché de sa femme. Contre l'avis de son épouse, Louis XII marie leur fille aînée Claude à François d'Angoulême, héritier du trône de France. En 1532, dix-huit ans après la mort d'Anne, les États de Bretagne réunis à Vannes prononcent « l'union réelle et perpétuelle » de leur pays au royaume de France.

DIANE DE POITIERS

Favorite royale (1499-1566)

Le grand-père maternel de Catherine de Médicis était le frère de la grand-mère paternelle de Diane de Poitiers : respectivement épouse et favorite du roi de France Henri II, les deux rivales sont donc parentes ! Pourtant, c'est peu dire que les deux femmes ne s'aimaient pas. Plus âgée que Catherine, Diane est entrée beaucoup plus tôt dans la vie du futur Henri II : à la mort de son mari Louis de Brézé en 1531, le roi la charge de l'éducation du jeune dauphin. Elle a trente-deux ans, lui douze : malgré cet écart d'âge très important, Diane restera jusqu'à la mort du roi l'unique passion d'Henri II. Le mariage du jeune Henri avec Catherine de Médicis en 1533 ne change rien à la donne : Diane a d'ailleurs participé au choix de la nouvelle épouse ! Très influente à la cour, elle profite de sa position pour amasser une véritable fortune. En 1548, Diane devient duchesse de Valentinois – un titre en général réservé aux princes et princesses du sang. Le roi lui offre des bijoux du trésor royal, et lui fait cadeau du château de Chenonceau. Aussi la mort accidentelle d'Henri II au cours d'un tournoi en 1559 est-elle pour la favorite une véritable catastrophe. Elle est désormais à la merci de Catherine de Médicis qui ne tarde pas à prendre sa revanche : Diane est contrainte de restituer les bijoux offerts par le roi, et d'échanger Chenonceau contre le château moins prestigieux de Chaumont-sur-Loire. C'est sur le « pont de Diane », qui enjambe le Cher, que Catherine de Médicis fera édifier les deux galeries superposées qui donnent à Chenonceau son aspect si particulier…

CATHERINE DE MÉDICIS

Reine de France (1519-1589)

Incontestablement, Catherine de Médicis a mauvaise réputation : elle a légué à la postérité l'image d'une reine froide et calculatrice, jalouse de son autorité, voire meurtrière à ses heures. Est-ce parce que, femme et étrangère, elle a exercé le pouvoir politique à une époque où ses congénères n'avaient pas voix au chapitre ? Est-elle détestée pour son rôle ambigu – et toujours pas totalement éclairci aujourd'hui – dans le massacre de la Saint-Barthélemy ?

Le début de sa vie est en tout cas marqué par une série de calamités : née le 13 avril 1519 à Florence, elle devient orpheline quelques jours après sa naissance ; à l'âge de dix ans, elle est capturée par les républicains en révolte qui menacent de l'exécuter ! Les choses semblent s'arranger quand, à l'âge de quatorze ans et seule héritière de la fortune des Médicis, elle épouse Henri d'Orléans, second fils de François Ier. Quand Henri accède au trône en 1549, elle est officiellement sacrée reine de France à la basilique de Saint-Denis.

Elle souffre toutefois d'être délaissée par Henri II, qui lui préfère sa vieille maîtresse Diane de Poitiers. C'est en

fait la mort du roi en 1559 qui va lui conférer le pouvoir : désormais régente du royaume, elle gouvernera la France en tant que reine mère sous les règnes de ses trois fils François II, Charles IX et Henri III.
Soucieuse de paix et d'harmonie universelle, Catherine doit pourtant affronter l'une des pires guerres civiles qu'ait connues la France : elle échoue en effet à empêcher le déclenchement des guerres de Religion en 1562. Elle meurt le 5 janvier 1589 sans avoir vu le retour de la paix religieuse dans le royaume.

LOUISE LABÉ

Femme de lettres (v. 1524-1566)

Louise Labé n'aurait jamais existé ! Elle serait l'invention du poète Maurice Scève. Telle est l'affirmation passablement surprenante d'un récent ouvrage, publié par une spécialiste d'histoire littéraire. Si c'est effectivement le cas, Scève a parfaitement réussi son coup car la mémoire de Louise Labé a traversé les siècles...
À la fois fille et épouse d'un marchand de cordes – d'où son surnom de « Belle Cordière », qu'elle doit aussi à

ses traits agréables –, Louise Labé est née à Lyon vers 1524 et a reçu une éducation soignée, dans la tradition humaniste de l'époque. Après son mariage, vers 1540, elle prend pleinement part à la vie culturelle et mondaine de sa ville natale. Amie des poètes Maurice Scève et Pernette du Guillet, elle compose elle-même une œuvre brève – trois élégies, vingt-cinq sonnets et le *Débat de folie et d'amour,* texte en prose – mais originale, marquée par une inversion de la rhétorique traditionnelle : dans la poésie de Louise Labé, c'est l'homme qui est un objet érotique dont la poétesse détaille les charmes !

On sait peu de choses sur les amours de la belle Louise, sinon qu'elle n'a sans doute pas été totalement fidèle à son mari : on lui prête une liaison passionnée avec le poète Olivier de Magny, compagnon de Du Bellay à Rome. Au vu de sa poésie, pleine de désir – « Ainsi Amour inconstamment me mène » –, certains, dès le XVIe siècle, ont fait d'elle une courtisane. Créature de papier ou bien femme de chair et de sang, la « Belle Cordière » demeure en tout cas un personnage fascinant.

JEANNE D'ALBRET

Reine de Navarre (1528-1572)

Nièce et mère de roi, Jeanne d'Albret fut elle-même reine : cette nièce de François Ier, mère du futur Henri IV, a régné en effet pendant dix-sept ans sur le royaume de Navarre, transformant ce petit État en véritable fief de la religion réformée. C'est en 1560 que Jeanne s'est publiquement convertie au protestantisme, lors d'une cérémonie officielle dans sa bonne ville de Pau. Elle s'attache dès lors à diffuser le calvinisme en Navarre, faisant traduire en langue basque le Nouveau Testament.

Sans doute à cause de la radicalisation du camp catholique, elle finit par sombrer elle-même dans l'intolérance et interdit officiellement dans ses États, en 1567, la pratique de la religion catholique. Ayant elle-même rompu avec la religion de ses pères, elle n'a sans doute guère été impressionnée par les invectives du Pape qui menace alors de la détrôner…

Jeanne est aussi une femme politique avisée, soucieuse d'assurer l'avenir de son fils Henri, né de son union avec Antoine de Bourbon, mari passionnément aimé épousé en secondes noces. Malgré son attachement au protestantisme, elle souhaite voir Henri épouser la catholique Marguerite, fille de Catherine de Médicis et sœur du roi Charles IX. Alors qu'elle se trouve à Paris en juin 1572 pour préparer les noces, Jeanne d'Albret succombe à une tuberculose foudroyante – contrairement à ce qu'affirme une légende tenace, elle n'a pas été empoisonnée par Catherine de Médicis ! Elle n'a donc pas assisté au massacre de la Saint-Barthélemy qui, le 24 août suivant, relance les guerres de Religion en France.

LA REINE MARGOT

Reine de Navarre (1553-1615)

Rendue célèbre par le roman d'Alexandre Dumas, et immortalisée plus récemment par Patrice Chéreau sous les traits d'Isabelle Adjani, la reine Margot a mauvaise réputation : elle a en effet l'image d'une véritable Messaline, ayant collectionné les amants dès son plus jeune âge – on lui prête même une liaison incestueuse avec deux de ses frères, le futur Henri III et le duc d'Alençon ! Il entre sans doute une grande part de calomnie dans ces allégations, Marguerite suscitant la jalousie par son étonnante beauté et son statut de fille, sœur, et bientôt épouse de roi : pour réconcilier catholiques et protestants, la reine mère Catherine de Médicis décide en effet en 1572 de donner sa fille en mariage à Henri de Navarre, le jeune chef du parti réformé. En fait de réconciliation, les noces, célébrées le 18 août 1572 à Paris, sont suivies moins d'une semaine plus tard du massacre de la Saint-Barthélemy ! Des centaines de huguenots sont massacrés, et Henri de Navarre se retrouve prisonnier au Louvre après sa conversion forcée au catholicisme…

Quand il parvient à s'échapper en 1576, Henri n'avertit même pas son épouse, qu'il ne verra qu'épisodiquement pendant les vingt années qui suivent. En 1599, contre d'importantes compensations financières, elle accepte l'annulation de son mariage avec celui qui est désormais Henri IV. Survivant de cinq ans à son ancien mari, Marguerite meurt en 1615 en ayant fait du jeune Louis XIII son principal héritier.

GABRIELLE D'ESTRÉES

Favorite royale (1573-1599)

Un célèbre tableau de l'école de Fontainebleau représente Gabrielle d'Estrées et sa sœur, la duchesse de Villars : cette dernière pince délicatement le sein droit de Gabrielle, pour signifier que celle-ci est enceinte. En 1594, année où le tableau a été peint, Gabrielle d'Estrées donne effectivement un fils à son royal amant Henri IV. Gabrielle d'Estrées perpétue à la fin du XVIe siècle la lignée des favorites royales inaugurée un siècle et demi plus tôt par Agnès Sorel. Née à Montlouis-sur-Loire vers 1573, Gabrielle séduit immédiatement le roi quand il la rencontre pour la première fois en 1590. Mais la belle, qui est aussi rusée, décide de monnayer ses charmes : elle ne cédera au roi que s'il réintègre dans leurs charges son père et son oncle tombés en disgrâce. Éperdument amoureux de cette beauté blonde, Henri IV accède à sa requête, et en avril 1591, elle devient officiellement la nouvelle favorite royale.

Cela ne suffit pas toutefois à Gabrielle, qui souhaite purement et simplement se faire épouser. Après l'annulation du mariage d'Henri IV et de la reine Margot, Gabrielle est sur le point d'obtenir satisfaction : les noces sont prévues pour le 10 avril 1599. Enceinte de six mois – elle porte le quatrième enfant du roi –, elle est prise de convulsions à quelques heures du mariage, et décède si rapidement que des rumeurs d'empoisonnement se répandent aussitôt : certains à la cour n'auraient guère apprécié la fulgurante promotion de la favorite et de sa famille… On pense en réalité aujourd'hui qu'elle est morte d'éclampsie, complication sérieuse qui peut se déclarer au cours de la grossesse.

MARIE DE MÉDICIS

Reine de France (1573-1642)

Lasse d'être traitée de « grosse banquière » par Henriette d'Entragues, l'une des maîtresses d'Henri IV, Marie de Médicis obtient de son royal époux d'être couronnée reine le 13 mai 1610. Deux jours plus tard, Henri IV est assassiné par Ravaillac rue de la Ferronnerie, et Marie devient officiellement régente du royaume de France au nom de son fils Louis XIII, âgé de neuf ans seulement.

Son mariage avec Henri IV en 1600 avait été rien moins qu'un mariage d'amour : deuxième épouse du

« Vert-Galant », Marie a été choisie parce que les Médicis ont accepté de verser au roi une dot de six cent mille écus d'or, de quoi renflouer les caisses du trésor royal, et justifier le surnom peu amène dont Marie est rapidement affublée à la cour…

Après la mort du roi, sa gestion calamiteuse des affaires – entièrement sous la coupe d'un couple d'aventuriers italiens, les Concini, elle les laisse piller allègrement le trésor royal – provoque la révolte des Grands du royaume. En 1617, Louis XIII lui-même fait assassiner Concini et prend en main les rênes du pouvoir.

Exilée une première fois à Blois, Marie ne se résout pas et prend la tête d'un soulèvement contre son propre fils Louis XIII. Rentrée en grâce en 1622, elle reprend la lutte en 1630, inquiète de la puissance grandissante de Richelieu, qu'elle a pourtant introduit elle-même au Conseil du roi. Le roi prenant le parti de son ministre contre sa mère, Marie fuit la France en 1631 pour ne plus jamais y revenir. Elle a néanmoins laissé une trace monumentale dans le paysage parisien : le palais du Luxembourg, avec la célèbre fontaine qui porte son nom.

LEONORA GALIGAÏ

Favorite de Marie de Médicis (1576-1617)

Leonora Galigaï est la sœur de lait de Marie de Médicis, les deux petites filles ayant passé leur enfance ensemble à la cour du grand-duc de Toscane. De ce passé commun sont nés des liens très forts : aussi, quand Marie quitte l'Italie en 1600 pour aller épouser le roi de France Henri IV, Leonora l'accompagne tout naturellement à Paris. Dans la suite de Marie se trouve également Concino Concini, un aventurier florentin dont Leonora tombe aussitôt amoureuse : elle l'épouse le 12 juillet 1601.

Malgré la méfiance d'Henri IV, les époux Concini prennent rapidement un très fort ascendant sur Marie de Médicis. Accumulant argent et bijoux prélevés sur la cassette royale, Leonora est un personnage instable, sujette à l'hystérie et, sans doute, à des crises d'épilepsie. S'entourant de sorciers et de magiciens, inquiète de l'opposition grandissante qu'elle et son mari suscitent à la cour – surtout depuis que Concini, sans avoir jamais porté les armes, s'est fait attribuer le titre de maréchal d'Ancre –, Leonora voudrait retourner en Italie, mais Concini refuse. Il aurait dû pourtant écouter son épouse : cela lui aurait sans doute évité d'être assassiné le 24 avril 1617 par le capitaine des gardes du corps de Louis XIII !

L'assassinat de Concini signe l'arrêt de mort de Leonora : abandonnée par la reine, la Galigaï est arrêtée, accusée de sorcellerie et exécutée le 8 juillet 1617. Elle a obtenu avant sa mort un privilège insigne : celui d'être décapitée à la hache plutôt que pendue, exécution infamante réservée aux roturiers !

LA DUCHESSE DE CHEVREUSE

Conspiratrice (1600-1679)

Dans son roman *Vingt ans après*, Alexandre Dumas met en scène une liaison entre la duchesse de Chevreuse et l'un des trois mousquetaires, Athos : de leur brève étreinte serait né le vicomte de Bragelonne, héros du dernier tome de la trilogie de Dumas. S'il s'agit d'une invention, il n'en reste pas moins vrai que la duchesse de Chevreuse, comme son homologue de papier, a collectionné les amants et multiplié les intrigues.

À peine âgée de dix-sept ans, elle épouse le duc de Luynes, favori de Louis XIII, qui l'initie rapidement à l'art de la conspiration politique. Après la mort de son premier époux en 1621, et un remariage rapide avec le duc de Chevreuse en 1622, elle est impliquée entre 1623 et 1643 dans au moins six complots politiques, dont la fameuse affaire Buckingham qui faillit compromettre définitivement l'honneur de la reine Anne d'Autriche et envenima durablement les relations franco-anglaises.

Pendant la Fronde, qui voit les Grands du royaume se révolter contre la régente Anne d'Autriche et son ministre Mazarin entre 1648 et 1653, la duchesse joue un rôle ambigu, agissant comme intermédiaire entre le cardinal et les frondeurs. Par la suite, elle continue à intriguer mais ne se mêle plus des affaires du royaume : il s'agit surtout pour elle désormais d'assurer la fortune de sa famille – elle parvient ainsi à marier son petit-fils avec la fille de Jean-Baptiste Colbert, le tout-puissant ministre de Louis XIV. Retirée au couvent de Gagny, elle y meurt le 12 août 1679 à près de soixante-dix-neuf ans.

ANNE D'AUTRICHE

Reine de France (1601-1666)

Comme son nom ne l'indique pas, Anne d'Autriche est d'origine… espagnole! Fille du roi d'Espagne Philippe III, elle a été élevée à la cour des Habsbourg de Madrid. Comme tant d'autres princesses à l'époque, elle n'est guère qu'un pion dans les stratégies matrimoniales des familles royales européennes: ainsi épouse-t-elle le 18 octobre 1615 le jeune roi de France Louis XIII, de cinq jours son cadet, en gage de l'alliance franco-espagnole voulue par la régente Marie de Médicis.

Le mariage n'est pas heureux: Louis XIII a peur des femmes et préfère la compagnie de ses favoris à celle de son épouse. Est-ce la raison pour laquelle en 1625 Anne se laisse séduire par le fringant duc de Buckingham? Dumas a immortalisé dans *Les Trois Mousquetaires* la fameuse affaire des ferrets, piège tendu à la reine par le cardinal de Richelieu, hostile à la maison d'Autriche dont Anne est issue. Il est peu probable en réalité que la pieuse Anne ait cédé aux avances du bel Anglais.

En 1635, quand la France déclare la guerre à l'Espagne, Anne se trouve en position délicate, d'autant plus qu'elle n'a toujours pas donné d'héritier au roi. Heureusement, le 5 septembre 1638, naît enfin le dauphin tant attendu, Louis Dieudonné, futur Louis XIV. Il n'a que cinq ans à la mort de Louis XIII, et c'est Anne d'Autriche qui assure la régence, assistée du cardinal Mazarin, qu'elle a nommé son « principal ministre » – et qu'elle a peut-être épousé en secret. Après la Fronde (1648-1653), puis la mort de Mazarin en 1661, le jeune Louis XIV décide de gouverner seul, et Anne n'exercera plus jusqu'à sa mort aucune influence politique.

NINON DE LENCLOS

Courtisane et écrivaine (1616-1706)

Surnommée par le Britannique Walpole « Notre-Dame des Amours » en raison de la liste impressionnante de ses amants, Ninon de Lenclos n'est pourtant pas qu'une courtisane : on oublie qu'elle fut aussi une jeune femme accomplie, parlant espagnol et italien mais versée aussi dans les sciences, et qu'elle est l'autrice de plusieurs recueils de lettres, ainsi que de *La Coquette vengée*, ouvrage de 1659 dans lequel elle affirme notamment, non sans un brin de provocation, que « beaucoup plus de génie est nécessaire pour faire l'amour que pour commander aux armées ».

Orpheline à quinze ans, Anne, dite Ninon, a hérité de son père une fortune confortable qui lui permet de vivre à sa guise. Elle tient à partir de 1667 un salon réputé à son domicile du 36 rue des Tournelles à Paris. Parmi ses invités réguliers – dont certains sont aussi ses amants ! – figurent entre autres le duc de La Rochefoucauld, Boileau, La Fontaine, Racine, ou encore Molière, qu'elle aide à corriger la première version du *Tartuffe*.

Vers la fin de sa vie, alors qu'elle approche des quatre-vingts ans, elle se paie le luxe d'inspirer encore une violente passion à un jeune abbé ! Quelque temps avant sa mort, elle fait la connaissance du fils de son notaire, un jeune garçon de douze ans qui la frappe par son esprit vif et son goût de la lecture. Elle lui laissera dans son testament la somme de mille francs, « pour qu'il puisse s'acheter des livres » : ce jeune héritier de Ninon n'était autre que François Marie Arouet, futur Voltaire…

MADELEINE BÉJART

Actrice (1618-1672)

« Elle était belle, elle était galante, elle avait beaucoup d'esprit, elle chantait bien ; elle dansait bien ; elle jouait de toutes sortes d'instruments ; elle écrivait fort joliment en vers et en prose et sa conversation était fort divertissante » : tel est le portrait flatteur qu'a tracé de Madeleine Béjart le dramaturge français Georges de Scudéry, ajoutant qu'elle était aussi l'une des meilleures actrices de son siècle.

Il avait eu souvent en effet l'occasion de la voir jouer, notamment dans les pièces de Molière dont elle fut longtemps la compagne impécunieuse. Cofondatrice de l'« Illustre-Théâtre » en 1643, Madeleine Béjart est issue d'une lignée de comédiens. Véritable gestionnaire de la troupe de Molière – dont elle a lancé la carrière théâtrale –, elle se spécialise volontairement dans les rôles de servantes ou de femmes d'intrigue, laissant les emplois de jeunes premières à des comédiennes plus jeunes.

La vie de Madeleine Béjart est marquée par un mystère : est-elle la mère ou la sœur d'Armande Béjart, qui devient l'épouse de Molière le 20 février 1662 ? Si cette dernière est sa fille, de fortes suspicions d'inceste pèsent sur Molière, avec qui Madeleine entretenait des amours tumultueuses – il semble que l'auteur de *Tartuffe* ait dû se justifier auprès du roi de ces accusations. Blessée en tout cas de s'être vu préférer une femme plus jeune, Madeleine meurt un an et un jour avant celui qui, par amour pour elle, avait quitté les bancs de la Sorbonne en 1640 pour devenir l'un des plus grands dramaturges français.

MADAME DE SÉVIGNÉ

Femme de lettres (1626-1696)

En 1665 est diffusé à la cour de Louis XIV un petit livre rédigé par le comte de Bussy-Rabutin et intitulé l'*Histoire amoureuse des Gaules.* Inspiré de Pétrone, l'ouvrage tourne en ridicule certaines personnalités de la cour, et notamment les maîtresses royales : cela vaudra à son auteur d'être embastillé pendant treize mois. Il a aussi profondément blessé sa cousine, la marquise de Sévigné, née Marie de Rabutin-Chantal, qui a cru se reconnaître dans le portrait injuste et peu flatteur d'une jeune et belle veuve rejetant dédaigneusement toutes les demandes en mariage…

Il faut dire que depuis la mort prématurée de son mari en 1652, la blonde marquise a effectivement éconduit de multiples prétendants, y compris son propre cousin Bussy-Rabutin. Depuis ce deuil, tout l'amour de Mme de Sévigné semble s'être reporté sur sa fille adorée, Françoise-Marguerite, née en 1646. Cette dernière épouse en 1669 le comte de Grignan et le suit deux ans plus tard dans la lointaine Provence où il a été nommé lieutenant général. Pour la marquise de Sévigné, c'est un déchirement. Débute alors une longue correspondance avec sa fille, qui durera plus de vingt ans.

Dans ses lettres à Françoise-Marguerite, Mme de Sévigné livre un récit des menus incidents de la vie domestique aussi bien que des nouvelles du monde, qu'elle raconte sur un ton alerte et divertissant. Constituée de quelque mille cinq cents lettres, sa correspondance est tout autant un témoignage sur le siècle de Louis XIV qu'une œuvre littéraire à part entière ; elle a été publiée pour la première fois en 1725, et constamment rééditée depuis.

LA MARQUISE DE BRINVILLIERS

Empoisonneuse (1630-1676)

Marie-Madeleine d'Aubray, marquise de Brinvilliers, a trouvé un moyen expéditif pour hériter plus rapidement : elle empoisonne successivement son père, en 1666, puis ses frères et sa sœur, en 1670 ! C'est quand elle s'en prend à son amant Godin de Sainte-Croix, qui lui a lui-même appris à manier les poudres funestes, que celui-ci prend peur et réunit contre elle des preuves accablantes qu'il enferme dans une cassette « à n'ouvrir qu'en cas de mort antérieure à celle de la marquise ». Malheureusement pour la Brinvilliers, Sainte-Croix décède en 1672 – sans doute de mort naturelle ! – et l'infamie de la belle est révélée au grand jour : elle doit alors fuir la France pour ne pas être appréhendée.

Rien ne destinait pourtant la jeune Marie-Madeleine à cette carrière d'empoisonneuse. Fille d'un lieutenant civil du Châtelet, elle épouse en 1651 le marquis de Brinvilliers mais succombe bientôt aux charmes d'un officier de cavalerie féru d'alchimie, Godin de

Sainte-Croix, qui l'initie à l'art des poisons. Très vite, l'élève dépasse le maître et les victimes de la Brinvilliers se comptent par centaines – elle se « perfectionne » en effet en empoisonnant des pauvres venus lui demander la charité, ou des malades qu'elle visite à l'hôpital! Après quatre ans de cavale, la marquise est retrouvée dans un couvent de Liège, ramenée en France, jugée et condamnée à la décapitation. Son corps est ensuite brûlé, et dispersées les cendres de celle qui avait fourni à la belle Madame de Montespan, favorite de Louis XIV, ses fameuses « poudres de succession »…

MADAME DE LA FAYETTE

Femme de lettres (1634-1693)

« Nous trouvons à présent une femme qui a tellement éclipsé son mari, que nous ne savons pas s'il est mort ou en vie » : ainsi La Bruyère résume-t-il l'étrange disparition du comte François de La Fayette, qui ne reparaît plus auprès de sa femme après la naissance de leur deuxième fils. En réalité, le vieux mari de la belle Marie-Madeleine s'est retiré dans son château auvergnat, laissant son épouse à Paris où elle brille effectivement de mille feux à la fois par sa vertu et son esprit.

Dame d'honneur de la reine Anne d'Autriche, la comtesse reçoit dans son salon de la rue de Vaugirard les personnages les plus importants de l'époque : Henriette d'Angleterre, belle-sœur du roi, Madame de Sévigné, à qui la lie jusqu'à la fin de sa vie une amitié fidèle, ou encore La Rochefoucauld, avec qui elle entretient peut-être une liaison, et qui la présente à quelques-uns des plus grands écrivains du temps, notamment Racine et Boileau.

Madame de La Fayette se pique elle-même d'écrire. Si ses premières œuvres sont dans la veine des romans précieux alors à la mode, elle s'en détache progressivement et publie en 1678 ce qui sera son chef-d'œuvre, *La Princesse de Clèves.* L'ouvrage rencontre un succès immédiat et étonne par sa nouveauté : Madame de La Fayette y fait en effet une analyse psychologique de l'amour, décrivant avec force détails les étapes du sentiment amoureux chez les trois personnages principaux. *La Princesse de Clèves* est toujours considéré aujourd'hui comme le premier roman moderne de la littérature française.

MADAME DE MAINTENON

Épouse morganatique de Louis XIV (1635-1719)

Madame de Maintenon, qui deviendra l'épouse du monarque le plus puissant de son temps, est née en prison ! Sa mère partageait en effet à la prison de Niort la geôle de son père Constant d'Aubigné, emprisonné pour avoir assassiné sa première femme et l'amant de celle-ci... Après une enfance mouvementée, Françoise d'Aubigné, âgée d'à peine plus de seize ans, épouse en avril 1652 le poète comique Scarron.

Tenant le salon de son époux jusqu'à la mort de ce dernier en 1660, elle fréquente alors tous les beaux esprits du temps qui se pressent chez Scarron, et se tisse un solide réseau de relations. Sa réputation de droiture et de sérieux lui vaut d'être nommée en 1669 gouvernante des bâtards royaux – enfants de Louis XIV et de Madame de Montespan. C'est alors qu'elle se fait remarquer par le roi : appréciant la profondeur de sa conversation et son absence de frivolité, il lui offre le marquisat de Maintenon. Après la mort de la reine Marie-Thérèse, Louis XIV épouse secrètement la veuve Scarron, sans doute en 1683 ou 1684.

Sous l'influence de Mme de Maintenon, Louis XIV devient profondément dévot, renonçant à ses frasques de jeunesse. « Le roi s'imagine qu'on est pieux si on s'ennuie bien », écrira ironiquement la princesse Palatine. Madame de Maintenon supporte mal pour sa part la vie de cour et n'a qu'une véritable passion, l'école de jeunes filles de Saint-Cyr qu'elle a fondée en 1686 pour accueillir des jeunes filles pauvres de la noblesse : c'est là qu'elle choisit de se retirer en 1715 après la mort de Louis XIV.

CATHERINE MONVOISIN, DITE LA VOISIN

Empoisonneuse (1640-1680)

« Je ne vous parlerai que de Madame Voisin ; ce ne fut point mercredi, comme je vous l'avais dit, qu'elle fut brûlée, ce ne fut qu'hier. Elle savait son arrêt dès lundi, chose fort extraordinaire. Le soir elle dit à ses gardes : "Quoi ? Nous ne faisons pas médianoche ?" Elle mangea avec eux à minuit, par fantaisie, car ce n'était point jour maigre ; elle but beaucoup de vin, elle chanta vingt chansons à boire. »

Ainsi Mme de Sévigné décrit-elle à sa fille les derniers jours de la Voisin, compromise dans la fameuse affaire des poisons et brûlée vive en place de Grève le 22 février 1680. Née à Paris vers 1640, Catherine Deshayes épouse Monvoisin s'improvise avec succès diseuse de bonne aventure après la mort de son mari. Dans sa maison du quartier Saint-Denis, elle accueille des années durant une clientèle aristocratique venue se faire prédire l'avenir. Elle se livre également à la sorcellerie, organisant dans son salon des messes noires célébrées par l'abbé Guibourg : en 1676, ce religieux dévoyé aurait accompli un de ces rites diaboliques sur le ventre de Madame de Montespan, favorite de Louis XIV ! Délaissée par le roi, celle-ci cherchait en effet à reconquérir son amour par des pratiques magiques et des « poudres pour l'amour » fournies par la Voisin.

Arrêtée en 1679, Catherine Monvoisin est jugée avec trente-six complices, condamnée à mort et exécutée le 22 février 1680. « Ses cendres sont en l'air présentement », indique Madame de Sévigné à sa fille dans la lettre qu'elle lui adresse le lendemain : « Voilà la mort de Madame Voisin, célèbre par ses crimes et son impiété. »

MADAME DE MONTESPAN

Favorite royale (1640-1707)

« À la plus surprenante beauté, elle joignait l'esprit le plus vif, le plus fin, le mieux cultivé, cet esprit héréditaire dans sa famille », écrira Madame de Sévigné, pourtant peu prodigue de compliments, de celle qui fut l'une des plus célèbres maîtresses du Roi-Soleil. Françoise de Rochechouart de Mortemart est en effet issue d'une des plus vieilles familles de la noblesse d'épée, et se fait remarquer très tôt par sa beauté et son esprit. Arrivée à la cour de France à la fin des années 1650 grâce à la protection de la reine mère Anne d'Autriche, elle épouse en 1663 le marquis de Montespan, dont elle aura deux enfants.

C'est toutefois sa rencontre avec le jeune roi Louis XIV, en 1666, qui décide de son destin. La blonde beauté plantureuse supplante rapidement dans le cœur du monarque la duchesse de La Vallière : dès 1667, elle est la maîtresse en titre du roi. Le marquis de Montespan a du mal à accepter son sort et vient faire un scandale à la cour : enfermé d'abord au Fort-l'Évêque, il est ensuite exilé jusqu'à la fin de ses jours sur ses terres de

Champagne. Il ne fait pas bon être le mari d'une favorite royale, surtout quand on n'est pas content d'être cocu ! La belle Athénaïs – le surnom « précieux » que s'est choisi la marquise – va pourtant tomber en disgrâce suite à l'affaire des Poisons : accusée d'avoir fréquenté l'empoisonneuse la Voisin et participé à des messes noires et autres sacrifices de nouveau-nés, la marquise de Montespan est mise à l'écart par Louis XIV après 1680, non sans lui avoir donné sept enfants dont six furent légitimés. Leur éducation avait été confiée à Madame de Maintenon… future épouse du Roi-Soleil !

HENRIETTE-ANNE D'ANGLETERRE

Épouse du duc d'Orléans (1644-1670)

« Madame se meurt, Madame est morte/Vanité des vanités, et tout est vanité » : ainsi commence la célèbre oraison funèbre prononcée par Bossuet le jour des obsèques de la belle-sœur du roi. Fille du roi d'Angleterre Charles Ier, petite-fille d'Henri IV par sa mère, Henriette-Anne, née à Exeter le 16 juin 1644, a en effet épousé le 31 mars 1661 son cousin Philippe d'Orléans, frère de Louis XIV.

Le mariage n'est pas heureux, « Monsieur » ayant une nette préférence pour les hommes. Qu'importe, Henriette conquiert à la cour tous les autres cœurs masculins, y compris le plus important d'entre eux, celui du roi. La belle Henriette et Louis XIV ont-ils été amants? Pour couper court aux rumeurs, Madame aurait poussé son royal amant à se servir d'un « paravent », une innocente jeune fille que le roi courtiserait ouvertement pour déguiser sa liaison avec Henriette. On connaît la suite: le stratagème réussit si bien que Louis XIV finit par s'éprendre du « paravent », Mademoiselle de La Vallière…

Qu'importe, Henriette conserve la confiance du roi, qui la charge en 1670 d'une mission délicate: aller négocier à Londres le traité de Douvres auprès de son frère Charles II. Sa mission accomplie, elle rentre en France mais, quinze jours après son retour, elle est prise de fortes douleurs au ventre après avoir bu un verre d'eau de chicorée. Elle meurt deux jours plus tard. A-t-elle été empoisonnée? La princesse Palatine, deuxième femme de Monsieur, en sera toujours persuadée, mais l'autopsie ordonnée par Louis XIV n'a rien montré de tel : sans doute ne s'agissait-il que d'une banale péritonite…

LA PRINCESSE PALATINE

Deuxième épouse du duc d'Orléans (1652-1722)

Charlotte-Élisabeth de Bavière, devenue belle-sœur de Louis XIV par son mariage avec Monsieur, frère du roi, en 1671, contraste fortement, sur le plan physique, en tout cas avec la première épouse de ce dernier, décédée brutalement l'année précédente.

Autant Henriette-Anne d'Angleterre était d'une beauté universellement célébrée, autant Charlotte-Élisabeth apparaît peu gâtée par la nature : boulotte, courtaude, dotée d'une forte carrure, elle se vante elle-même de sa propre laideur, évoquant dans une lettre sa « taille monstrueuse de grosseur » ! Cette disgrâce physique est toutefois compensée par un esprit hors du commun : intelligente, drôle et ironique, la princesse est originaire d'une petite cour allemande cultivée où elle a reçu une éducation humaniste. Élevée selon les principes d'un protestantisme rigoureux, elle est choquée par les intrigues et l'hypocrisie qui règnent à la cour de France, où elle détonne par ses manières franches au point d'être brusques.

C'est cette vie à Versailles qu'elle relate avec finesse et ironie dans les quelque soixante mille lettres qu'elle adresse à des dizaines de correspondants dans toute l'Europe : elle y dresse un savoureux tableau de la cour du Roi-Soleil. Souvent cruelle, elle n'hésite pas à qualifier Madame de Maintenon, seconde épouse du roi, de « vieille sorcière », voire de « vieille conne » ! En 1692, elle s'oppose vainement au mariage de son fils Philippe d'Orléans avec Mademoiselle de Blois, une des « bâtardes » de Louis XIV et Madame de Montespan. Elle meurt en 1722, alors que son fils assure depuis 1715 la régence du royaume de France.

MADAME DU DEFFAND

Épistolière et salonnière (1697-1780)

Le salon littéraire de Madame Du Deffand fait partie de cette internationale des salons qui s'est constituée dans l'Europe des Lumières, et en particulier en France : s'y sont croisés à partir de 1749 les plus beaux esprits et les plus grands artistes du temps, de Marivaux à Vernet en passant par d'Alembert et Voltaire, dont Madame Du Deffand fut l'amie intime.

Née en 1697 dans une famille pauvre de la noblesse bourguignonne, Marie de Vichy-Champrond n'a pourtant reçu qu'une instruction sommaire dans le couvent bénédictin où elle a été élevée. Mais son mariage avec le marquis Du Deffand en 1718 lui fait intégrer la bonne société parisienne. Elle fréquente assidûment la maison de la duchesse du Maine où se presse tout ce que la cour, la magistrature et surtout la littérature comptent d'hommes marquants – c'est là d'ailleurs qu'elle fait la connaissance de Voltaire.

À partir de 1742, Madame Du Deffand entame une correspondance suivie avec quelques contemporains célèbres, Montesquieu, d'Alembert, Voltaire, ou encore le Britannique Walpole pour lequel elle se prend à soixante-dix ans d'une folle passion ! Atteinte de cécité à partir de 1753, la marquise engage sa nièce Julie de Lespinasse, qui reçoit ses invités quand elle-même se sent trop faible pour les entretenir. Sans le savoir, elle a introduit le loup dans la bergerie : quelques années plus tard, Madame Du Deffand renvoie Julie avec pertes et fracas quand elle s'aperçoit que celle-ci lui a « volé » quelques-uns de ses plus prestigieux habitués – au premier rang desquels d'Alembert – pour ouvrir son propre salon !

MADAME DE POMPADOUR

Favorite royale (1721-1764)

Jeanne-Antoinette Poisson n'est pas arrivée par hasard dans le lit du roi Louis XV : son accession au rang de favorite royale est au contraire le résultat d'un stratagème minutieusement élaboré. Invitée à un bal masqué organisé par le roi en mars 1745, à l'occasion du mariage du dauphin, elle est présentée à Louis XV par les frères Pâris, ses protecteurs. Charmé, le roi l'installe rapidement à Versailles et fait aménager un escalier secret qui lui permet de rejoindre à tout moment les appartements de sa nouvelle maîtresse.

Une simple roturière devenue favorite du roi ! Cela n'est guère du goût de la famille royale, ni de la plupart des courtisans eux-mêmes issus de la noblesse, et Jeanne se retrouve rapidement en butte à des « poissonnades », chansons malveillantes qui rappellent que son père, François Poisson, a commencé sa carrière comme simple conducteur dans le service des vivres.

Cela n'empêche pas la belle Jeanne d'obtenir du roi, dès juillet 1745, le marquisat de Pompadour, ni d'exercer jusqu'à sa mort un rôle politique inédit pour une favorite. La marquise, il est vrai, a cessé assez vite – sans doute vers 1750 – toute relation sexuelle avec le roi, pour devenir sa confidente, son amie dévouée, et aussi l'ordonnatrice de ses plaisirs, n'hésitant pas à fournir à Louis XV tout un cheptel de jeunes filles, logées dans la Maison du Parc aux Cerfs à Versailles ! Elle conserve ainsi sur Louis XV une influence paradoxalement bien plus grande que si elle était demeurée sa maîtresse et « règne » sur les affaires du royaume pendant près de quinze ans…

MADAME D'ÉPINAY

Femmes de lettres et salonnière (1726-1783)

Rousseau a laissé de Louise d'Épinay, dans *Les Confessions*, un portrait rien moins que flatteur, celui d'une libertine débauchée trompant allègrement son mari. Il faut dire que les deux anciens amis s'étaient définitivement brouillés en 1757, Louise désapprouvant la passion non payée de retour dont s'était pris Jean-Jacques pour sa belle-sœur Sophie d'Houdetot. Dans l'*Histoire de Madame de Montbrillant*, ouvrage présenté comme des « contre-confessions », Madame d'Épinay tente de parer à ces attaques en justifiant, entre autres, son infidélité conjugale.

Pourtant, au-delà de la polémique privée, Rousseau et Madame d'Épinay ont eu l'un sur l'autre une influence importante, notamment à propos de sujets qui passionnent la bonne société de l'époque : l'éducation des enfants, les relations entre parents et enfants, ou encore l'allaitement maternel dont on commence à vanter les bienfaits. Alors que dans son Émile, Rousseau tenait les filles pour quantité négligeable, Madame d'Épinay publie en 1774 les *Conversations d'*Émilie, conversations éducatives entre une mère et sa fille âgée de cinq à

dix ans – ouvrage composé en réalité pour sa petite-fille Émilie de Belsunce, qu'elle avait élevée comme sa propre fille.
Comme ses contemporaines Madame Du Deffand ou Mademoiselle de Lespinasse, Madame d'Épinay a tenu à partir de 1770 un salon fréquenté par les beaux esprits du siècle – Diderot, d'Alembert, Marivaux... –, avec lesquels elle a par ailleurs échangé une importante correspondance.

LA COMTESSE DU BARRY

Favorite royale (1743-1793)

« C'est la plus sotte et impertinente créature qui soit imaginable » : ainsi Marie-Antoinette décrit-elle à sa mère la comtesse Du Barry, favorite du roi Louis XV. La jeune dauphine a été profondément choquée, lors de son arrivée à la cour de France, de voir la maîtresse du vieux roi se comporter comme si elle était la reine en titre. Sa mère, plus fine politique, lui conseillant davantage de souplesse pour ne pas déplaire à Louis XV, Marie-Antoinette finira par adresser publiquement à la Du Barry ces quelques mots passés à la postérité : « Il y a bien du monde aujourd'hui à Versailles »… La moralité de Jeanne Bécu apparaît en effet comme passablement douteuse, surtout quand on sait que c'est son propre amant le comte Jean Du Barry qui l'a fait présenter à Louis XV, avant de la marier à son frère Guillaume Du Barry, pour lui donner un semblant de respectabilité ! Fasciné par la beauté de la jeune femme, le vieux monarque l'installe à Versailles où elle devient rapidement populaire car, n'en déplaise à Marie-Antoinette, elle est loin d'être dénuée d'esprit. De plus, contrairement à Madame de Pompadour, elle ne souhaitait pas jouer de rôle politique.

Contrainte de fuir la cour après la mort de Louis XV en 1774, elle coule une retraite paisible dans son domaine de Louveciennes, cadeau du roi. Pendant la Révolution, elle est inscrite sur la liste des suspects pour avoir fait plusieurs séjours en Angleterre. Arrêtée, jugée et condamnée, la dernière favorite de Louis XV est guillotinée le 8 décembre 1793.

OLYMPE DE GOUGES

Femme politique (1748-1793)

« Furie de Gouges ! », s'exclame en 1790 l'écrivain Rétif de La Bretonne, plaçant la révolutionnaire sur la liste des prostituées de Paris ; la même année, un obscur ecclésiastique, l'abbé de Bouyon, la traite quant à lui de folle. Durement stigmatisée par ses contemporains, Olympe de Gouges ne sera guère mieux traitée par le XIXe siècle : Michelet lui-même ne l'appelle-t-il pas, non sans ambiguïté, « la fougueuse bacchante de 1793 » ?

Qu'a donc fait Olympe de Gouges pour mériter ces qualificatifs rien moins qu'élogieux ? Fille d'un boucher de Montauban, veuve à dix-huit ans, Marie-Olympe Gouze – qui a entre-temps changé son nom en Olympe de Gouges – s'installe dans la capitale en 1770 et se lance bientôt dans l'écriture : en 1788, dans ses *Réflexions sur les hommes nègres,* elle fait scandale en prenant position pour l'abolition de l'esclavage.

C'est donc tout naturellement qu'elle s'enflamme en 1789 pour la Révolution française. Estimant toutefois que les femmes ne profitent guère de l'égalité universellement proclamée, elle publie en septembre 1791 la « Déclaration des droits de la femme et de la citoyenne », afin de rappeler aux révolutionnaires que cinquante pour cent des hommes... sont des femmes ! Dédiant le texte à la reine Marie-Antoinette en signe de solidarité féminine, Olympe de Gouges y affirme notamment que « la femme naît et demeure égale à l'homme en droits ».

Soupçonnée de sympathies girondines, Olympe est arrêtée le 20 juillet 1793. Le 3 novembre suivant, celle qui, dans sa « Déclaration », avait demandé pour les femmes le droit de monter à la tribune puisqu'elles avaient celui de monter à l'échafaud est guillotinée sans avoir vu se réaliser son rêve : voir les femmes accéder à la citoyenneté politique.

LA PRINCESSE DE LAMBALLE

Confidente de Marie-Antoinette (1749-1792)

Le 3 septembre 1792, alors que Marie-Antoinette se trouve dans une des salles de la tour du Temple où elle est emprisonnée avec le reste de la famille royale, elle assiste avec effroi à un terrible spectacle : un groupe de sans-culottes est venu promener sous ses fenêtres, fichée au bout d'une pique, la tête de son ancienne confidente, la princesse de Lamballe! Cette dernière est l'une des plus célèbres victimes des massacres de septembre, perpétrés par le peuple parisien entre le 2 et le 7 septembre 1792: violemment tirée de son cachot de la prison de la Force le 3 septembre vers dix heures du matin, jugée à la hâte par un tribunal populaire, elle est sommairement exécutée, sans doute décapitée au couteau sur une borne de la rue Pavée, dans le quartier du Marais.

Son crime est d'avoir étroitement lié son destin à celui de la reine. Née à Turin le 8 septembre 1749, Marie-Louise de Savoie-Carignan épouse en 1767 le prince de Lamballe, intégrant ainsi une branche illégitime de la famille royale – le prince est l'arrière-petit-fils de Louis XIV et de Madame de Montespan. À partir de 1771, la princesse fréquente la cour et devient une des intimes de la dauphine Marie-Antoinette qui, devenue reine, lui octroie en 1774 la charge très lucrative de surintendante de sa maison. Après 1789, Madame de Lamballe fait partie du carré des derniers fidèles de la reine: alors qu'elle avait réussi à rallier l'Angleterre, la princesse regagne la France à la fin de 1791 et s'installe auprès de Marie-Antoinette au palais des Tuileries.

Elle scelle là le tragique destin qui, moins d'un an plus tard, la conduira vers son martyre.

MADAME CAMPAN

Éducatrice et mémorialiste (1752-1822)

Raisonnablement longue – soixante-dix ans exactement –, la vie de Madame Campan traverse plusieurs périodes de l'histoire de France, depuis l'Ancien Régime jusqu'à la Restauration, en passant par la Révolution et l'Empire. Avoir survécu à autant de régimes différents pourra susciter l'admiration ou au contraire… la suspicion ! Pourtant c'est plus par chance que par intrigue que Madame Campan a échappé à la guillotine alors qu'elle avait été étroitement liée à la famille royale, et ce, depuis le règne de Louis XV.

Henriette Genest commence sa carrière dès l'âge de quinze ans comme lectrice de Mesdames, filles de Louis XV. En 1770, elle devient femme de chambre de la jeune dauphine et conserve son poste après l'accession au trône de Marie-Antoinette en 1774. Très dévouée à la reine, elle reste à son service au début de

la Révolution, mais se retrouve séparée d'elle après la prise des Tuileries le 10 août 1792.
Sauvée de la guillotine par le 9 Thermidor, elle ouvre à Saint-Germain-en-Laye un pensionnat de jeunes filles très vite réputé. Remarquée par Napoléon, Madame Campan est nommée en 1805 directrice de la Maison impériale d'Écouen où sont éduquées les filles des officiers de la Légion d'honneur. Mise à l'écart sous la Restauration, elle meurt en 1822, l'année même où sont publiés ses très intéressants *Mémoires sur la vie privée de Marie-Antoinette* : des fastes de Versailles jusqu'à la chute de la royauté en août 1792, elle a été en effet un témoin privilégié des dernières années de la monarchie.

MANON ROLAND

Révolutionnaire (1754-1793)

« À force de ne considérer que la félicité de mon partenaire, je m'aperçus qu'il manquait quelque chose à la mienne » : tel est l'amer constat tiré dans ses Mémoires par Manon Roland après plus de dix ans de vie conjugale. La jeune Jeanne Marie Philipon s'est nourrie en

effet dès son plus jeune âge des écrits des plus grands philosophes. Aussi est-elle déçue par son mariage en 1780 avec l'inspecteur des Manufactures Jean-Marie Roland de La Platière, qui ne lui permet guère de réaliser ses aspirations intellectuelles.
C'est la Révolution qui la tire finalement d'une existence monotone. Enthousiasmés par les idées nouvelles, Monsieur et Madame Roland se lancent à corps perdu dans l'arène politique. Après la nomination de Roland comme ministre de l'Intérieur le 23 mars 1792, Manon devient l'égérie des girondins, accueillant dans les salons du ministère Barbaroux, Louvet, Brissot, Pétion, ou encore Buzot dont elle est follement amoureuse. Choquée par les massacres de septembre 1792 dont elle rend Danton responsable, elle voue désormais au tribun montagnard une haine féroce. Après la démission de Roland le 23 janvier 1793, elle s'éloigne de la politique. Le 31 mai 1793, alors que la proscription des girondins a été officiellement proclamée, elle choisit, contrairement à Roland, Buzot et bien d'autres, de rester à Paris, et se laisse arrêter sans résistance. Elle est guillotinée le 8 novembre 1793, non sans s'être exclamée dans la charrette qui la menait au supplice : « Ô Liberté, que de crimes on commet en ton nom ! »

MARIE-ANTOINETTE

Reine de France (1755-1793)

Après avoir été longtemps entourée d'une légende noire, la dernière reine de l'Ancien Régime bénéficie depuis quelques années d'une réhabilitation militante qui n'est d'ailleurs pas sans en agacer certains. L'épouse de Louis XVI ne mérite sans doute ni l'opprobre dont elle a été victime pendant quasiment deux siècles, ni les éloges excessifs sous lesquels croule depuis quelques années sa mémoire posthume…

Débarquée à Versailles alors qu'elle n'a pas quinze ans – elle épouse le dauphin Louis Auguste, futur Louis XVI, le 16 mai 1770 –, la jeune archiduchesse autrichienne est d'abord choquée par les mœurs dissolues qui règnent à la cour, et aura toujours du mal à se plier aux exigences de l'étiquette. Devenue reine à dix-neuf ans, Marie-Antoinette choisit résolument la voie de la frivolité et contribue, entre 1774 et 1789, à forger sa propre légende noire, celle d'une reine insouciante qui dilapide allègrement l'argent public.

Cette frivolité, la Révolution qui éclate en 1789 la lui fait perdre définitivement. Se mêlant désormais de politique, elle pousse Louis XVI à refuser tout compromis, incapable de comprendre la radicale nouveauté de la situation. Les épreuves semblent avoir renforcé toutefois les liens entre les époux, et Marie-Antoinette partage le sort de Louis XVI, du retour forcé à Paris en octobre 1789 jusqu'à l'enfermement au Temple à partir du mois d'août 1792. Après la mort de Louis XVI le 21 janvier 1793, la reine est à son tour jugée et condamnée pour trahison en octobre 1793. Elle monte courageusement à l'échafaud le 16 octobre 1793.

ÉLISABETH VIGÉE-LEBRUN

Peintresse (1755-1842)

Élisabeth Vigée-Lebrun est passée à la postérité pour avoir réalisé plus de trente portraits de la reine Marie-Antoinette. Autrice de portraits de femmes à la fois ressemblants et flatteurs, la jeune peintresse se fait remarquer au début des années 1780 par la reine qui la fait entrer en 1783 à l'Académie royale de peinture et de sculpture. La peinture est pour Élisabeth Vigée-Lebrun une passion ancienne. Fille de Louis Vigée, peintre pastelliste, la petite Élisabeth, dès l'âge de sept ou huit ans, dessine constamment et partout. Après la mort de son père, elle décide de se consacrer entièrement à sa passion, intégrant l'atelier de Briard puis de Joseph Vernet. Outre ses portraits de la reine, elle est aussi l'auteur de plusieurs autoportraits.

Sa position de peintresse quasi officielle la met évidemment en danger au moment de la Révolution. Elle quitte Paris dès le 6 octobre 1789 et passe plusieurs années en exil. Invitée par les plus grandes cours d'Europe, à Londres, Vienne, Rome ou encore Saint-Pétersbourg, elle continue à tirer le portrait de l'aristocratie européenne. Rayée de la liste des émigrés en 1800, elle rentre en France deux ans plus tard et continue à peindre, même si ses rapports avec ses modèles sont parfois houleux – de Caroline Murat, sœur de Napoléon, elle dira : « J'ai peint de véritables princesses qui ne m'ont jamais tourmentée et ne m'ont pas fait attendre. » En 1835, elle publie des *Souvenirs* dans lesquels elle célèbre, à tort ou à raison, la période de l'Ancien Régime : « Les femmes régnaient alors, la Révolution les a détrônées. »

JEANNE DE LA MOTTE

Aventurière (1756-1791)

Le nom de la comtesse de La Motte est indissociablement lié à la fameuse affaire du « Collier de la reine », incroyable escroquerie montée en 1785 par la comtesse avec la complicité de son mari et de son amant. Exploitant sans vergogne la naïveté du cardinal de Rohan, soucieux de retrouver la faveur de la reine Marie-Antoinette qui le tenait en piètre estime, Jeanne de La Motte met au point une diabolique machination : elle fait croire au cardinal que la reine l'a choisi pour mener à bien une transaction délicate, l'achat d'un magnifique collier de diamants. En échange de son retour en grâce, Rohan doit avancer la somme nécessaire, la comtesse se présentant comme l'intermédiaire de la reine. Un soir, dans les jardins de Versailles, le cardinal croit rencontrer Marie-Antoinette : il s'agissait en réalité d'une prostituée du Palais-Royal dont la ressemblance avec la reine était, paraît-il, stupéfiante !
Le crédule cardinal tombe dans le panneau. Aussitôt qu'ils ont mis la main sur le collier, le comte et la comtesse de La Motte s'empressent de le démonter et d'en revendre les pierres au détail. Le scandale éclate le

15 août 1785 avec l'arrestation du cardinal de Rohan. Son procès s'ouvre en mai 1786 et le disculpe entièrement. Quant à la comtesse de La Motte, arrêtée, jugée et condamnée, elle réussit à s'évader de la Salpêtrière en 1786 et rejoint son mari à Londres, où elle meurt finalement dans la misère en 1791. Bien mal acquis, ne profite jamais…

THÉROIGNE DE MÉRICOURT

Femme politique (1762-1817)

« Théroigne, enivrée, court furieuse et brandissant la mort […]. Elle roule dans l'émeute. Elle est un instinct et un appétit fauves, une "panthère" » : c'est Camille Desmoulins qui parle ainsi de Théroigne de Méricourt en 1792. Théroigne est-elle vraiment cette furie sanguinaire dont les révolutionnaires comme d'ailleurs leurs adversaires monarchistes nous ont laissé le portrait concordant ?

Anne Josèphe Therwagne est née en 1762 dans le petit village de Méricourt – aujourd'hui commune de Belgique. Enthousiasmée par la Révolution française, elle s'engage en 1792 dans la sans-culotterie féminine, revendiquant pour les femmes le droit de porter les armes : Robespierre, en effet, n'a-t-il pas déclaré le 27 avril 1791 qu'« être armé pour la défense de la patrie est le droit de tout citoyen » ? Théroigne a la naïveté de croire que les femmes sont des citoyens comme les autres : le 6 mars 1792, elle dépose à l'Assemblée nationale une pétition réclamant le droit pour les femmes de s'organiser en garde nationale. Le refus est cinglant. Malgré ce revers, Théroigne continue de s'habiller en amazone, portant en permanence au moins deux pistolets à la ceinture. Ce comportement « masculin » lui attire bientôt les quolibets des journaux royalistes, qui forgent la légende d'une Théroigne voluptueuse et lubrique. C'est la première fois, mais pas la dernière, qu'une femme politique est comparée à une prostituée. Sombrant dans la folie en 1794, Théroigne continue après sa mort à alimenter les fantasmes masculins, Baudelaire allant même jusqu'à décrire comme « l'amante du carnage » celle qui n'avait fait que réclamer l'égalité politique entre les hommes et les femmes.

JOSÉPHINE DE BEAUHARNAIS

Impératrice déchue (1763-1814)

Quand en 1809 Napoléon annonce à Joséphine qu'il a décidé de divorcer, cette dernière s'effondre, en proie à de violentes convulsions. Napoléon a pris sa décision « pour le salut de l'Empire », car l'impératrice ne lui a pas donné d'héritier. Mariés en 1796, les deux époux s'épuisent depuis longtemps en vaines querelles : si Joséphine tombe en pâmoison à l'annonce du divorce, ce n'est donc pas parce qu'elle est encore follement éprise de l'Empereur, mais parce qu'elle voit s'achever brutalement le glorieux destin prédit jadis par la cartomancienne Marie-Anne Lenormand : « Tu seras plus qu'une reine. »

Née en Martinique le 23 juin 1763, mariée très jeune au vicomte Alexandre François Marie de Beauharnais qui lui donne deux enfants avant de finir guillotiné en 1794, Marie-Josèphe Rose Tascher de La Pagerie devient après son veuvage une des reines du Directoire. C'est Barras, dont elle est la maîtresse, qui la présente au jeune Bonaparte. Très amoureux, celui-ci lui

demande rapidement de l'épouser. Quelques jours avant le mariage célébré le 9 mars 1796, Joséphine a obtenu pour Bonaparte le titre de général en chef de l'armée d'Italie. Devenu Premier consul puis empereur, Napoléon décide d'associer sa femme à son sacre du 2 décembre 1804.
Jusqu'en 1809, Joséphine, bien que dépensière et frivole, tient parfaitement son rôle d'impératrice des Français. Sacrifiée à l'intérêt impérial, elle termine ses jours au château de la Malmaison. Elle meurt en 1814 après avoir vu l'Autrichienne Marie-Louise, nouvelle épouse de Napoléon, donner un héritier à l'Empire.

MADAME DE STAËL

Femme de lettres (1766-1817)

Il n'est guère étonnant que Germaine de Staël ait fait ses débuts littéraires en 1788 avec un ouvrage intitulé *Lettres sur les* écrits *et le caractère de Jean-Jacques Rousseau*: fille unique du financier Necker et de la Vaudoise protestante Suzanne Curchod, la jeune Germaine a été élevée par sa mère selon les principes de l'Émile et a côtoyé très tôt les intellectuels qui fréquentaient le salon maternel.

Mariée sans amour à vingt ans au baron de Staël-Holstein de dix-sept ans son aîné, Madame de Staël mène une vie sentimentale agitée et collectionne les amants, en particulier Benjamin Constant avec qui elle entretient, de 1794 à 1808, une relation amoureuse et littéraire qui est restée fameuse. Mais c'est surtout l'intelligence peu commune de Germaine de Staël qui est passée à la postérité : elle fait, par sa pensée puissante, la transition entre la philosophie des Lumières et le romantisme, tentant dans son ouvrage *De l'Allemagne* en 1808 de jeter des ponts entre romantisme nordique et classicisme latin.

Madame de Staël a échoué en revanche à jouer un véritable rôle politique. Désireuse en 1798 de seconder Bonaparte, en qui elle voyait l'héritier de la Révolution française, elle s'est heurtée de plein fouet à la misogynie du futur empereur. Lui demandant quelle était pour lui « la première des femmes », elle s'attira cette sèche réponse de Bonaparte : « Celle qui fait le plus d'enfants, Madame. »

Depuis ses *Réflexions sur le procès de la reine*, véritable plaidoyer féministe publié en 1794, jusqu'à sa mort en

1817 après plusieurs années d'exil, Madame de Staël n'en continuera pas moins de défendre jusqu'au bout la cause des femmes.

CHARLOTTE CORDAY

Héroïne de la Révolution (1768-1793)

« J'arrive de Caen ; votre amour pour la patrie me fait présumer que vous connaîtrez avec plaisir les malheureux événements de cette partie de la République. Je me présenterai chez vous vers une heure, ayez la bonté de me recevoir et de m'accorder un moment d'entretien. » Par ces quelques lignes adressées à Marat le 13 juillet 1793, Charlotte Corday espère être introduite auprès du révolutionnaire jacobin, responsable selon elle de la tyrannie qui triomphe à Paris.

Au départ pourtant, cette fille d'un gentilhomme de province désargenté s'est laissé séduire par les grands principes de la Révolution. Mais l'exécution du roi Louis XVI en janvier 1793, puis les excès de la Terreur choquent profondément la jeune femme, élevée dans le culte des auteurs anciens et des philosophes des

Lumières. Quand les girondins en fuite se réfugient à Caen où elle réside, en juin 1793, elle a l'occasion d'écouter leurs doléances. C'est sur la personne de Jean-Paul Marat, président de la Société des Jacobins et principal artisan de la Terreur, que se focalise sa haine. Le 9 juillet 1793, elle quitte Caen pour la capitale, où elle apprend que Marat, malade – il est victime d'une maladie de peau qu'il soigne par des bains de soufre –, ne quitte plus guère son domicile du 18 rue des Cordeliers. Après lui avoir écrit à plusieurs reprises, elle parvient à se faire recevoir chez le révolutionnaire au soir du 13 juillet. Armée d'un couteau de cuisine dont elle a fait l'acquisition le matin même, elle lui dicte une liste de noms « d'ennemis de la République » avant de le poignarder dans son bain. Rapidement jugée et condamnée à mort, elle est guillotinée le 17 juillet 1793.

LUCILE DESMOULINS

Révolutionnaire (1771-1794)

Si Camille Desmoulins reste aujourd'hui l'une des figures les plus populaires de la Révolution française, il le doit en grande partie à la personnalité de sa femme, la douce Anne-Lucile-Philippe Duplessis, épousée en décembre 1790 à l'église Saint-Sulpice à Paris – Robespierre, ami de Camille, était l'un des témoins du mariage. À la fois espiègle et rêveuse, insouciante et joyeuse, Lucile apparaît, dans les témoignages de tous ceux qui l'ont approchée, comme un personnage particulièrement attachant.

Née dans une famille unie et aisée de la bourgeoisie parisienne, Lucile rencontre son futur époux dans les jardins du Luxembourg, alors qu'elle est âgée d'une dizaine d'années seulement. Ami des Duplessis, qu'il fréquente assidûment, Camille Desmoulins s'éprend peu à peu de celle qu'il a vue grandir. Le père de la jeune femme finit par lui accorder la main de sa fille, alors que Camille est auréolé de ses premiers succès d'orateur révolutionnaire.

Le couple connaît alors quelques années de bonheur domestique, souvent perturbé toutefois par les soubresauts de l'Histoire. Dans la nuit du 9 au 10 août 1792, Lucile se ronge les sangs en attendant Camille, qui prépare la prise des Tuileries ; à partir de 1793, elle s'inquiète avec lui des excès de la Terreur. Accusé d'être trop modéré, convaincu de complot contre la

République, Camille Desmoulins est jugé, condamné et exécuté par le Tribunal révolutionnaire le 5 avril 1794. Soupçonnée d'avoir conspiré pour le faire évader, Lucile passe à son tour sur la guillotine quelques jours plus tard, le 13 avril 1794.

MADAME TALLIEN

Héroïne de la Révolution (1773-1835)

Qui sait si Robespierre ne doit pas sa chute, le 9 Thermidor, à l'orgueil blessé d'un amant humilié par sa maîtresse ? Deux jours auparavant, le 7 thermidor, alors qu'elle est emprisonnée et pense être exécutée le lendemain, Thérésa de Cabarrus raconte à son amant Tallien le songe qu'elle a fait la nuit précédente : « Robespierre n'existait plus et les prisons étaient ouvertes. Mais grâce à votre insigne lâcheté, ajoute-t-elle, il ne se trouvera plus personne en France capable de réaliser mon rêve. » C'est cette lettre pleine de mépris qui aurait décidé Tallien à rejoindre la conjuration contre l'Incorruptible ! Âgée d'à peine vingt-et-un ans en 1794, Thérésa de Cabarrus a déjà vécu une existence passablement agitée :

fille d'un financier espagnol, envoyée à Paris en 1785 pour parfaire son éducation, cette jeune beauté brune épouse en 1788 le marquis de Fontenay qu'elle ne tarde pas à cocufier allègrement. En 1793, Thérésa est arrêtée à Bordeaux en vertu de la loi des suspects bien qu'ayant divorcé quelques mois auparavant de son aristocrate de mari. En mission en province, le montagnard Tallien, fasciné par sa beauté, ordonne sa libération et en fait sa maîtresse. Mais cette liaison ne plaît guère à ses amis de la Convention. Thérésa est incarcérée à la prison de la Force, d'où elle envoie à son amant la fameuse lettre qui va changer le cours de l'histoire… Surnommée « Notre-Dame de Thermidor » après l'exécution de Robespierre, Thérésa épouse Tallien le 26 décembre 1794, et mène grand train dans son salon de l'allée des Veuves. Les deux époux finissent toutefois par divorcer en 1802 suite à de nouvelles infidélités de la belle…

MADAME RÉCAMIER

Femme d'esprit (1777-1849)

Un célèbre portrait de Madame Récamier peint en 1802 par le baron Gérard nous la montre alanguie sur une méridienne, dans tout l'éclat de ses vingt-cinq printemps, vêtue d'une robe blanche à taille haute qui met en valeur son décolleté pigeonnant. Juliette Récamier est d'abord célèbre en effet pour sa beauté, qui fit tourner la tête de bien des hommes de son temps, parmi lesquels Benjamin Constant ou encore Chateaubriand.

Née à Lyon le 3 décembre 1777, fille d'un notaire royal, Juliette Bernard épouse en 1792 le riche banquier parisien Jacques Récamier avec qui elle entretient une relation toute platonique: ce vieil ami de ses parents ne serait autre en effet que son père naturel, comme Juliette l'apprendra bien plus tard…

Madame Récamier tient sous le Directoire un salon où se presse une société choisie, mais trop libérale au goût du nouveau maître du pouvoir: en 1811, Napoléon ordonne l'exil de la belle Juliette qui ne rentre en France qu'en 1819. Retirée chez une amie à l'Abbaye-aux-Bois, elle reçoit néanmoins la visite des hommes les plus importants du temps, notamment celle de

Chateaubriand auquel la lie depuis 1817 une forte amitié amoureuse : à partir de 1834, c'est à elle que le grand écrivain vient lire régulièrement les nouveaux chapitres de ses *Mémoires d'outre-tombe.* Il est dommage que la belle Juliette ait ordonné avant de mourir la destruction de ses propres souvenirs : on aurait pu y voir défiler tous les personnages importants de l'Empire et de la monarchie…

DÉSIRÉE CLARY

Reine de Suède et de Norvège (1777-1860)

Étonnant destin que celui de cette fille de négociant marseillais, devenue en 1818 reine de Suède et de Norvège ! Née à Marseille le 9 novembre 1777, Bernardine Eugénie Désirée Clary est la fille du riche marchand-fabricant François Clary, qui a fait fortune dans le commerce de la soie. Ce sont les liens de sa famille avec les Bonaparte qui vont rapidement sceller son destin.

D'abord courtisée par Joseph Bonaparte, frère aîné de Napoléon, en 1794, elle voit ce dernier lui préférer finalement sa sœur Julie. Qu'à cela ne tienne, c'est bientôt avec Napoléon Bonaparte lui-même que Désirée se fiance, le 21 avril 1795. Mais la jeune femme joue de malchance : quelque temps plus tard, Napoléon rencontre à Paris Joséphine de Beauharnais dont il tombe follement amoureux. Non sans remords, il rompt alors ses fiançailles avec la belle Désirée…

Celle-ci se console finalement avec un des généraux de Bonaparte, Jean-Baptiste Bernadotte, de quatorze ans son aîné, qu'elle épouse à Sceaux le 17 août 1798. Maréchal d'Empire en mai 1804, Bernadotte voit ses relations avec l'Empereur se dégrader rapidement. Indigné que Napoléon lui ait retiré un poste de commandement, Bernadotte accepte la proposition de Charles XIII de Suède qui fait de lui son héritier le 21 août 1810. Désirée suit son époux à Stockholm, et à la mort de Charles XIII en 1818, Bernadotte accède au trône sous le nom de Charles XIV, Désirée devenant pour sa part la reine Desideria. Elle meurt dans la capitale suédoise en 1860, alors que son fils Oscar Ier règne depuis la mort de Bernadotte en 1844. À Marseille, sa ville natale, elle n'a laissé son nom qu'à une station de métro !

HORTENSE DE BEAUHARNAIS

Reine de Hollande (1783-1837)

Le 5 mai 1831, Hortense de Beauharnais assiste aux côtés de son fils Louis Napoléon, depuis les fenêtres de l'hôtel de la Paix où ils sont descendus, au défilé des bonapartistes venus, place Vendôme, commémorer les dix ans de la mort de l'Empereur. Quelques jours plus tard, elle regagne Arenenberg, près du lac de Constance, où elle vit désormais. Elle ne remettra plus jamais les pieds à Paris : en 1832, la loi d'exil adoptée par Louis-Philippe frappera tous les membres de la famille Bonaparte. Or la belle Hortense est, comme sa mère Joséphine, étroitement liée à l'épopée napoléonienne.

Fille de Joséphine et du premier mari de celle-ci, Alexandre de Beauharnais, Hortense épouse en 1801 l'un des frères cadets de Bonaparte, devenant ainsi… la belle-sœur de sa mère ! Malgré la naissance de trois fils, dont le futur Napoléon III, le mariage n'est pas heureux : Hortense est futile et volage, Louis taciturne et d'une jalousie maladive. En 1806, Hortense suit néanmoins son mari en Hollande, où il règne jusqu'à

son abdication en 1810. À cette date, elle obtient de vivre séparée de lui.
Rentrée en grâce pendant la Première Restauration, elle commet l'erreur d'accepter l'offre de Napoléon qui, lors de son bref retour au pouvoir en 1815 pendant la période des Cent-Jours, lui fait jouer le rôle d'impératrice. Contrainte de fuir la France après l'abdication définitive de l'Empereur en juin 1815, elle termine ses jours en exil. Comme elle le souhaitait toutefois, elle a été inhumée près de sa mère Joséphine, dans l'église Saint-Pierre-Saint-Paul de Rueil-Malmaison.

LA DUCHESSE DE BERRY

Égérie royaliste (1798-1870)

Quand la duchesse de Berry accouche d'un fils le 29 septembre 1820 au palais des Tuileries, elle donne naissance à « l'enfant du miracle » : le père du nouveau-né, le duc de Berry, fils du comte d'Artois – futur Charles X –, a en effet été assassiné le 13 février 1820 alors qu'il sortait de l'Opéra. Son assassin ignorait que la jeune épouse du duc était enceinte d'un fils, et qu'ainsi

son geste meurtrier, contrairement à ce qu'il espérait, ne mettait pas un terme à la lignée des Bourbons.
Désormais obsédée par le désir de protéger son fils et de lui assurer la couronne – le jeune duc de Bordeaux, futur comte de Chambord, étant devenu après la révolution de 1830 le candidat des légitimistes hostiles au nouveau roi Louis-Philippe –, la duchesse tente en 1832 d'organiser un soulèvement royaliste. Elle débarque clandestinement en France au mois d'avril 1832, essaie de fédérer les légitimistes, mais échoue piteusement, à Marseille comme en Vendée. Réfugiée à Nantes, elle est définitivement discréditée l'année suivante, y compris aux yeux de ses propres partisans, quand elle accouche d'une petite fille de père inconnu.
Marie-Caroline de Berry meurt en exil en 1870, sans avoir assisté à l'échec définitif de son fils : alors qu'en 1873 toutes les conditions semblaient réunies pour une restauration de la monarchie en France, le comte de Chambord, seul prétendant au trône, refuse de renoncer au drapeau blanc. Il s'aliène ainsi les orléanistes, attachés au drapeau tricolore. La France reste une république, et Chambord ne deviendra jamais Henri V.

LA COMTESSE DE SÉGUR

Femme de lettres (1799-1874)

Qui n'a pas lu dans son enfance les romans de la comtesse de Ségur ? Des *Malheurs de Sophie* au *Général Dourakine*, les écrits de cette aristocrate d'origine russe font partie depuis le XIXe siècle du patrimoine français de la littérature pour enfants. Sophie Fédorovna Rostopchine est née à Saint-Pétersbourg le 1er août 1799. Gouverneur de Moscou, son père aurait été en septembre 1812 le grand ordonnateur de l'incendie de la ville, destiné à provoquer la retraite de Napoléon. La famille Rostopchine s'installe en France en 1817. C'est là que Sophie rencontre le comte Eugène de Ségur, qu'elle épouse le 14 juillet 1819.

Malheureuse en ménage – son mari, très volage, trouvera néanmoins le temps de lui faire huit enfants ! –, la comtesse de Ségur se morfond de longues années durant, ne trouvant que tardivement la vocation qui va donner un sens à sa vie : *Les Nouveaux Contes de fées*, qui rassemblent des histoires destinées à ses petits-enfants, sont publiés en 1857, l'année de ses cinquante-huit ans ! Suivront jusqu'en 1871 pas moins d'une vingtaine de romans et recueils de nouvelles, dont la plupart connaissent dès leur parution un succès fulgurant. Après sa mort, on a beaucoup glosé sur les obsessions de la bonne comtesse, surtout depuis que la psychanalyse s'est mêlée d'interpréter ses œuvres : certains ont fait ainsi de la comtesse de Ségur une adepte du sadomasochisme ! Si certains aspects de ses écrits ont quelque peu vieilli, reste le réalisme dans la représentation de la vie quotidienne de ses héros, qui a valu à la comtesse le surnom de « Balzac des enfants ».

FLORA TRISTAN

Socialiste et féministe (1803-1844)

« Mon enfance heureuse s'acheva, à quatre ans, à la mort de mon père », affirme Flora Tristan dans ses *Pérégrinations d'une paria*. Fille d'un noble péruvien et d'une petite-bourgeoise parisienne qui a quitté la France au moment de la Révolution, Flora Tristan est en réalité une enfant illégitime, le mariage de ses parents en Espagne n'ayant jamais été régularisé après leur installation en France.

Après la mort du père commencent effectivement les difficultés, et d'abord la misère qui contraint Flora à épouser à dix-sept ans le premier homme à en faire la demande, en l'occurrence un graveur violent et alcoolique du nom de Chazal. Malheureuse en ménage à une époque où le divorce n'existe pas, Flora se sépare néanmoins de son mari et se lance dans le militantisme. Influencée par le socialisme naissant, elle se fait enquêtrice sociale, allant étudier sur le terrain les réalités de la condition prolétaire.

En 1843, elle rédige *L'Union ouvrière*, véritable manifeste socialiste mais aussi féministe : elle y appelle à une union internationale des prolétaires, dirigée par les classes laborieuses elles-mêmes et dans laquelle les femmes auraient une place égale à celle des hommes. S'embarquant dans un véritable « tour de France » pour répandre ses idées, elle meurt brutalement à Bordeaux le 14 novembre 1844, emportée par la fièvre typhoïde. Le journal qu'elle avait tenu en 1843-1844, retraçant ses rencontres avec des hommes et des femmes de la classe ouvrière à travers la France, ne sera publié que plus d'un siècle après sa mort.

GEORGE SAND

Écrivaine (1804-1876)

George Sand sera-t-elle la deuxième femme à entrer au Panthéon après Marie Curie ? Posée en 2004 à l'occasion du bicentenaire de sa naissance, la question ne semble plus guère d'actualité, et Aurore Dupin, baronne Dudevant, continue de reposer en paix dans sa terre du Berry, près de sa propriété de Nohant.

De George Sand, on retient aujourd'hui essentiellement deux choses : son pseudonyme et son costume masculins, qui vont de pair avec une liberté de mœurs désormais légendaire. Ne fut-elle pas la maîtresse d'Alfred de Musset, de Franz Liszt et de Frédéric Chopin, pour ne citer que quelques-uns de ses plus célèbres amants ? On oublie qu'elle fut aussi une romancière prolifique, et une femme politiquement engagée, républicaine influencée par le socialisme. Accueillant avec joie la révolution de février 1848, elle s'engage pour la cause des femmes et surtout pour leurs droits civils : son mariage malheureux avec le baron Casimir Dudevant explique sans doute son ardent militantisme en faveur du droit au divorce…

George Sand a écrit sans relâche entre 1830 et sa mort en 1876 : outre une œuvre romanesque considérable, elle a laissé également des contes et nouvelles, des pièces de théâtre, des récits autobiographiques, des centaines d'articles, et surtout vingt-six volumes de correspondance qui témoignent de ses liens amicaux et intellectuels avec les plus grands écrivains de son temps, de Flaubert à Théophile Gautier en passant par Victor Hugo qui s'exclame en 1876 en apprenant son décès: « Je pleure une morte, je salue une immortelle! »…

MARIE D'AGOULT

Écrivaine (1805-1876)

Moins connue que sa contemporaine George Sand, la comtesse d'Agoult partage pourtant avec celle qui fut son amie un même engagement féministe, ainsi que le choix d'un pseudonyme masculin: Daniel Stern, nom sous lequel elle publie en 1851 son *Histoire de la révolution de 1848.*

Née le 31 décembre 1805 à Francfort-sur-le-Main, fille d'un aristocrate émigré qui a fui la Révolution française, elle épouse en 1827 le comte Charles-Louis Constant d'Agoult qu'elle quitte en 1835 pour vivre au grand jour sa liaison passionnée avec le compositeur Franz Liszt. C'est après leur rupture en 1839 qu'elle commence à écrire, des ouvrages historiques mais aussi des romans. En 1837, par l'intermédiaire de Liszt, elle a fait la connaissance de George Sand à qui la lie dès lors une amitié pour le moins tumultueuse: Marie d'Agoult jalouse en effet George Sand, à qui elle envie son caractère généreux et ses succès littéraires. Marie suscite au contraire chez George Sand une admiration sans réserve, qu'elle traduit sans retenue dans des lettres enflammées: « Vous êtes pour moi le véritable type de la princesse fantastique, aimante, artiste et noble de manières, de langages et d'ajustements, comme les filles des rois au temps poétique », lui écrit-elle au tout début de leur amitié. Leurs relations finiront pourtant par se distendre.

De Franz Liszt, Marie a eu trois enfants dont une fille, Cosima, née en 1837. Comme sa mère, cette dernière partagera la vie d'un compositeur célèbre, épousant le 25 juillet 1871 un certain Richard Wagner après avoir été pendant près de dix ans sa maîtresse!

CATHERINE LABOURÉ

Sainte (1806-1876)

Dans la nuit du 19 juillet 1830, la jeune Catherine Labouré, membre de la congrégation des Filles de la Charité fondée par saint Vincent de Paul et située rue du Bac à Paris, est réveillée par un jeune enfant : il est venu la prévenir que la Sainte Vierge l'attend dans la chapelle du couvent. Subjuguée, Catherine le suit et découvre effectivement la mère de Dieu, debout dans un halo de lumière.

Ces visions se reproduisent à plusieurs reprises et Marie confie à Catherine la mission de faire frapper une médaille à son effigie : c'est la « médaille miraculeuse », encore portée aujourd'hui dans le monde par des millions de catholiques.

Née en 1806 dans une famille de cultivateurs bourguignons, huitième d'une famille de dix enfants, la jeune Catherine, après la mort de sa mère en 1815, est élevée par sa tante et reçoit une éducation très pieuse ; son enfance est déjà marquée par des visions et des prémonitions. Les apparitions de la Vierge rue du Bac sont à replacer dans le contexte religieux de l'époque, qui voit se côtoyer catholicisme social et idéologie

romantique. C'est une vision doloriste de la religion catholique qui se développe alors, comme en témoigne la représentation gravée sur la médaille miraculeuse : un grand M, initiale de Marie, surmonté d'une croix et de deux cœurs, celui de Jésus, couronné d'épines, et celui de Marie, percé par le glaive, douze étoiles entourant ce tableau.
Morte en 1876, quarante ans après que la Vierge lui fut apparue, Catherine Labouré a été canonisée en 1947 par le pape Pie XII. Sa fête est le 25 novembre.

ROSA BONHEUR

Peintresse animalière (1822-1899)

« Vous voilà chevalier. Je suis heureuse d'être la marraine de la première femme artiste qui reçoive cette haute distinction » : ainsi s'exprime l'impératrice Eugénie en décorant Rosa Bonheur de la Légion d'honneur en 1865. C'est une forme de consécration pour cette peintresse hors norme, qui a défié les conventions de son époque sans jamais pour autant faire scandale.

Née le 18 mars 1822 à Bordeaux, d'origine modeste, Rosa Bonheur se rêve une ascendance noble tout en aspirant à vivre de son pinceau. Soutenue par son père dans ses velléités artistiques, elle parvient à s'imposer dès l'âge de vingt et un ans, alors même que les écoles d'art comme le Conservatoire sont fermées aux filles : elle expose pour la première fois au Salon de 1843. Spécialisée dans la peinture animalière – elle peint des animaux de labour, mais aussi des lions et des tigres –, elle a dû demander aux autorités policières l'autorisation de porter le pantalon pour fréquenter les foires aux bestiaux : tous les six mois, elle sollicite ainsi auprès de la Préfecture de Paris une « autorisation de travestissement », à une époque où le port du pantalon est interdit aux femmes ! Homosexuelle, Rosa Bonheur a vécu successivement avec deux femmes sans que cela entrave sa carrière de peintresse. Son tableau *Le Marché aux chevaux*, présenté au Salon de 1853, lui vaut une renommée internationale et lui permet d'effectuer des voyages au cours desquels elle rencontre des personnalités aussi différentes que la reine Victoria et Buffalo Bill. Elle termine ses jours au château de By, en Seine-et-Marne, où elle s'était installée en 1859.

EUGÉNIE DE MONTIJO

Impératrice (1826-1920)

De l'impératrice Eugénie, on retient surtout la catholique fervente et l'épouse fidèle. On oublie que sa jeunesse fut plutôt tumultueuse. Née à Grenade le 5 mai 1826, fille du futur comte de Montijo et d'une mère mi-espagnole mi-écossaise, Eugénie a été élevée à Paris, au couvent du Sacré-Cœur. Si l'éducation catholique qu'elle y reçoit la marque effectivement d'une empreinte indélébile, elle ne l'empêche pas de fréquenter les salons mondains et d'exercer sa séduction, souvent de façon provocante : on lui prête de nombreux amants, dont l'écrivain Prosper Mérimée. En janvier 1853, à l'annonce de son mariage avec Napoléon III, rencontré dans les salons de l'Élysée alors que Louis Napoléon n'était encore que prince-président, Victor Hugo s'exclame : « L'Aigle épouse une cocotte ! »

Après son mariage, l'impératrice restera toutefois fidèle à son impérial époux – la réciproque n'étant guère vraie… Elle exerce une influence politique non négligeable, poussant l'Empereur à des choix souvent hasardeux, notamment la guerre contre la Prusse qui, en 1870, se révèle fatale au Second Empire. Exilée en Angleterre, Eugénie a la douleur de perdre son fils Eugène Louis, tué par les Zoulous en 1879. Plongée dans le désespoir, elle quitte Londres et se fixe à Farnborough où elle reçoit régulièrement des visiteurs prestigieux, tout en continuant à voyager fréquemment. Elle termine paisiblement ses jours dans son pays natal, à Madrid, le 11 juillet 1920, plus de quarante ans après la mort de son fils adoré.

LOUISE MICHEL

Femme politique (1830-1905)

« J'appartiens tout entière à la révolution sociale, et je déclare accepter la responsabilité de tous mes actes », déclare fièrement Louise Michel devant le conseil de guerre qui la juge en décembre 1871 pour sa participation à la Commune. Elle revendique ainsi l'engagement de toute une vie aux côtés des républicains socialistes d'Auguste Blanqui dont elle partage pleinement le credo : « Ni Dieu ni maître ! »

Fille illégitime d'une femme de chambre et du fils des châtelains de Vroncourt – château de Haute-Marne où sa mère était employée –, la petite Louise est élevée par ses grands-parents paternels, qui lui font dispenser une éducation libérale et une solide instruction. Institutrice en 1850, Louise s'installe à Paris où elle se lie bientôt avec les milieux blanquistes de la capitale. La révolutionnaire est aussi une féministe, membre à la fin des années 1860 de la Société de revendication du droit des femmes.

La Commune de Paris, en 1871, fait en quelque sorte la synthèse de ses deux engagements. Présidente du Comité de vigilance de Montmartre, elle assume des missions « féminines » – infirmière, ambulancière… – avant de combattre les armes à la main sur les barricades jusqu'aux derniers moments de la Semaine sanglante, forgeant sa légende de « Vierge rouge de la Commune ».

Déportée en Nouvelle-Calédonie, amnistiée en 1880, elle reprend alors la lutte pour la révolution sociale, parcourant la France pendant vingt-cinq ans. Elle meurt à Marseille en 1905, lors d'une tournée de conférences. En mémoire de la « Bonne Louise », le prix Louise-Michel récompense chaque année une personnalité censée défendre les valeurs républicaines.

BERTHE MORISOT

Peintresse (1841-1895)

« Nul ne représente l'impressionnisme avec un talent plus raffiné, avec plus d'autorité que Madame Morisot », affirme en 1881 le critique Gustave Geoffroy. Bel hommage pour celle qui, aux côtés de quelques autres pionnières, a réussi à se hisser au rang des plus grands peintres impressionnistes, à une époque où le monde de l'art est encore très masculin.

Il est vrai que pour la jeune Berthe, née à Bourges le 14 janvier 1841, la peinture était un peu une histoire de famille : n'était-elle pas l'arrière-petite-nièce du peintre Fragonard ? En compagnie de sa sœur Edma, elle étudie très tôt la peinture, notamment auprès de Camille Corot. En 1868, elle rencontre Édouard Manet, dont elle devient l'amie, le modèle et… la belle-sœur, épousant en 1874 Eugène Manet, frère d'Édouard.

Les sujets favoris de Berthe sont les représentations du bonheur familial : à travers des œuvres d'une grande légèreté picturale, elle dresse le portrait des membres de sa famille, et notamment de sa fille Julie, dans des scènes de la vie quotidienne : lecture, toilette, couture. En 1892, sa première exposition personnelle est un

succès et, en 1894, l'État lui achète pour la première fois un tableau.
Liée à Auguste Renoir et au poète Stéphane Mallarmé, elle leur confie à la fin de sa vie la garde de sa fille. Malade, elle meurt le 2 mars 1895 à Paris d'une grippe mal soignée. « J'ai travaillé autant que j'ai pu, peut-être le résultat paraîtra-t-il bien mince », avait-elle déclaré peu de temps auparavant, témoignant par là de son insatisfaction perpétuelle dont la postérité a su faire justice.

BERNADETTE SOUBIROUS

Sainte (1844-1879)

« Si la Sainte Vierge m'a choisie, c'est parce que j'étais la plus ignorante ! », dira Bernadette Soubirous pour expliquer ses visions. Née en 1844 à Lourdes dans la famille d'un pauvre meunier, Marie-Bernarde – son vrai prénom – est l'aînée d'une fratrie de neuf enfants dont cinq mourront en bas âge. Bien que très pieuse, elle est effectivement assez peu calée en histoire sainte, ignorant à peu près tout du catéchisme. En 1857, quand son père est envoyé en prison pour le vol de deux sacs de farine, la famille sombre dans la misère.

Le 11 février 1858, alors que Marie-Bernarde se rend au bord du gave de Pau avec sa sœur et une amie pour ramasser des os et du bois mort, elle entend du bruit et aperçoit en levant la tête « une dame vêtue de blanc » à l'entrée de la grotte de Massabielle. Entre le 11 février et le 16 juillet suivant, la Vierge lui apparaît pas moins de dix-huit fois, se présentant à la jeune fille comme l'Immaculée Conception. Douze jours seulement après la dernière apparition, le 28 juillet 1858, une commission d'enquête réunie par l'évêque de Tarbes juge la sincérité de Marie-Bernarde « incontestable ». Quatre ans plus tard, le 18 janvier 1862, l'évêque reconnaît la réalité des apparitions mariales.

Dès 1858, la grotte miraculeuse est devenue un lieu de pèlerinage, attirant à Lourdes les catholiques du monde entier. En 1866, Bernadette prend le voile au couvent des Sœurs de la Charité de Nevers. Béatifiée quarante-six ans après sa mort, en 1925, elle est canonisée en 1933.

SARAH BERNHARDT

Actrice (1844-1923)

Amputée d'une jambe en 1915, à l'âge de soixante-dix ans, Sarah Bernhardt n'en continue pas moins à exercer la passion de sa vie : jouer la comédie, même si désormais c'est assise qu'elle doit déclamer des vers…

Celle qui a été la comédienne la plus populaire de son temps est née à Paris le 25 septembre 1844. Dès 1862, elle entre au Conservatoire, puis à la Comédie-Française, qu'elle quitte en 1866 pour intégrer la troupe de l'Odéon avant de revenir au « Français » en 1874. C'est à travers les grands classiques du répertoire que se forge sa gloire, de *Ruy Blas* en 1872 à *Hernani* en 1877, en passant par *Phèdre* en 1874. Démissionnant une nouvelle fois avec fracas de la Comédie-Française en 1880, elle monte sa propre troupe et entame une carrière internationale qui la mène sur les plus grandes scènes du monde : Londres, Copenhague, New York ou Moscou…

Célèbre pour sa « voix d'or », surnommé aussi « la Divine », Sarah Bernhardt fascine autant qu'elle intrigue. Sur les photographies prises par Nadar – elle a souvent posé pour le célèbre photographe –, elle n'est presque

jamais souriante sous sa masse de cheveux bouclés, comme si elle entretenait déjà sa propre légende, celle d'une beauté inaccessible. Comédienne surdouée, elle peut tout se permettre, y compris de créer à Paris le 15 mars 1900, âgée de cinquante-six ans, le rôle de l'« Aiglon », du nom du jeune fils de Napoléon, mis en scène par Edmond Rostand !
Morte en 1923, Sarah Bernhardt a eu le temps d'entamer une carrière cinématographique : entre 1900 et 1923, elle a tourné pas moins de dix films muets, dont aucun n'est passé à la postérité…

HUBERTINE AUCLERT

Féministe (1848-1914)

Invitée au Congrès ouvrier de Marseille en 1879 en tant que représentante des femmes, Hubertine Auclert réussit à y faire adopter le principe de « l'égalité politique et sociale de la femme et de l'homme », selon le titre du discours qu'elle prononce devant les députés socialistes. Mais cette idylle entre féminisme et socialisme se révèle de courte durée : dès l'année suivante, en 1880, Jules Guesde dénonce le féminisme comme une idéologie « bourgeoise », et Hubertine Auclert reprend seule sa lutte pour les droits des femmes. Née en 1848 dans l'Allier de parents propriétaires terriens, Hubertine « monte » à Paris en 1870 et s'engage dans le mouvement féministe. En 1876, elle fonde la « Société du droit des femmes », dont la revendication principale est celle du suffrage féminin. Entre 1881 et 1888, Hubertine Auclert dirige le journal *La Citoyenne* et multiplie les actions d'éclat inspirées des « suffragettes » britanniques : refus de payer l'impôt, candidatures « sauvages » de femmes lors des élections législatives, manifestations devant la Chambre des députés… Tout est bon pour attirer l'attention de l'opinion et des pouvoirs publics sur l'injustice suprême faite aux femmes. Après une interruption de quatre années – entre 1888 et 1892, elle a suivi son mari en Algérie –, Hubertine rentre à Paris et reprend jusqu'à sa mort son militantisme suffragiste. Sur sa tombe du Père-Lachaise, une sculpture commémore ce qui fut la cause de sa vie : le « Suffrage des femmes », effectif trente ans après sa mort.

MARGUERITE DURAND

Féministe (1864-1936)

Le récit de la conversion de Marguerite Durand au féminisme est resté célèbre. En avril 1896, Marguerite est chargée par *Le Figaro* de couvrir le Congrès international féministe qui se tient à Paris. Alors qu'elle s'y rend avec l'intention de se gausser de ces dames qui prétendent s'égaler aux hommes, elle est fascinée au fil des jours par la qualité des débats et la force des arguments développés par les congressistes. Au terme du Congrès, la voilà devenue à son tour une féministe convaincue !

Mettant aussitôt sa nouvelle idéologie en pratique, elle fonde l'année suivante, en 1897, *La Fronde*, premier journal « administré, rédigé, composé par des femmes ». Marguerite Durand s'assure la collaboration des plus grandes plumes féminines de l'époque, notamment celle de Séverine. *La Fronde* s'impose rapidement par sa qualité et son sérieux, au point d'être surnommée « *Le Temps* en jupons », bel hommage qui en fait l'équivalent féminin du journal le plus réputé de l'époque. Marguerite Durand et ses rédactrices mènent campagne pour les droits des femmes.

Mais les difficultés financières ont bientôt raison de l'entreprise : en 1903, de quotidien, *La Fronde* devient hebdomadaire, puis mensuel à partir de 1906, avant de disparaître purement et simplement en 1907. Marguerite Durand le ressuscite brièvement en 1926-1928, car beaucoup de batailles restent à mener, notamment celle du suffragisme. Gardienne de la mémoire des femmes, Marguerite recueille quantité de documents et d'ouvrages, légués à sa mort à la Ville de Paris : la bibliothèque Marguerite-Durand est aujourd'hui la principale bibliothèque féministe française, accueillant des chercheurs du monde entier.

CAMILLE CLAUDEL

Sculptrice (1864-1943)

Le souvenir de Camille Claudel a été ressuscité il y a une trentaine d'années par le film éponyme de Bruno Nuytten, dans lequel Isabelle Adjani interprétait le rôle-titre. Qui se souvenait auparavant de la sœur aînée du poète et écrivain Paul Claudel, qui fut pourtant l'une des plus grandes artistes de son temps ?

Née à Fère-en-Tardenois dans l'Aisne le 8 décembre 1864, fille d'un fonctionnaire des Impôts, Camille passe son enfance en Champagne aux côtés de sa sœur Louise et de son jeune frère Paul, de quatre ans son cadet. La passion de Camille pour la sculpture se manifeste dès son plus jeune âge, et c'est sur l'insistance de Camille que la famille Claudel s'installe à Paris en 1882, afin que la jeune fille puisse se former au contact des plus grands maîtres du temps.

C'est de cette époque que date la rencontre avec Rodin, qui va marquer sa vie à plus d'un titre. D'abord, parce que Rodin lui permet de faire éclore son génie de sculptrice, l'associant à certaines de ses réalisations monumentales, notamment la fameuse *Porte de l'enfer*. Mais aussi parce que le maître et l'élève entretiennent bientôt une passion tumultueuse, qui va conduire Camille aux frontières de la folie.

Délaissée par Rodin, vivant dans la misère, Camille Claudel sombre progressivement dans la démence. Internée par sa famille en 1913, elle passe les trente dernières années de sa vie à l'asile d'aliénés de Montfavet, près d'Avignon. Son œuvre ne sera redécouverte que longtemps après sa mort.

MARIE CURIE

Scientifique (1867-1934)

Comme tant d'autres, la maison natale de Marie Curie à Varsovie a été détruite en 1944, lors de l'insurrection de la ville contre les Allemands, mais reconstruite depuis à l'identique : aussi peut-on voir aujourd'hui, en se promenant dans les rues de la ville, une plaque commémorative qui orne l'immeuble où Marya Sklodowska a vu le jour le 7 novembre 1867 – même si la maison elle-même est en réalité plus récente…

Fuyant la misère et la pauvreté, la jeune Marya se plonge très tôt dans les études, et s'installe à Paris en 1892. Étudiant la physique et les mathématiques à la Sorbonne, elle rencontre Pierre Curie qui, fasciné par la jeune Polonaise, l'épouse le 26 juillet 1895. En 1897, les deux époux se lancent dans l'étude de la radioactivité, à partir des travaux d'Henri Becquerel sur les rayonnements produits par l'uranium. En juillet 1898, Marie découvre le polonium, et, au mois de décembre suivant, le radium, ce qui lui vaut de recevoir en 1903 le prix Nobel de physique, qu'elle partage avec son mari et Becquerel.

Après la mort accidentelle de Pierre Curie en 1906, elle lui succède dans sa chaire de physique à la Sorbonne, suscitant les attaques d'une certaine presse, misogyne et xénophobe, indignée qu'une femme, d'origine étrangère de surcroît, investisse ainsi la plus prestigieuse université française. Refusée à l'Académie des sciences pour les mêmes raisons en 1911, elle prend sa revanche en recevant cette année-là un deuxième prix Nobel, de chimie cette fois ! Morte d'une leucémie en 1934 – due sans doute à sa trop grande exposition aux rayons radioactifs –, Marie Curie repose au Panthéon depuis 1995, aux côtés de son mari.

ALEXANDRA DAVID-NÉEL

Exploratrice (1868-1969)

Alexandra David-Néel reste aujourd'hui relativement peu connue du grand public. Qui se souvient que cette Française fut en 1924 la première Européenne à pénétrer dans Lhassa au Tibet ? Il faut dire que la consonance anglo-saxonne de son nom incite peu les Français à se souvenir de « la femme aux semelles de vent »…

C'est pourtant à Saint-Mandé, dans le Val-de-Marne, qu'elle est née le 24 octobre 1868. Son père est un instituteur républicain, ami du géographe anarchiste Élisée Reclus qu'Alexandra côtoie durant toute son enfance. S'intéressant aux idées anarchistes, elle est également féministe et collabore à *La Fronde*, le journal fondé par Marguerite Durand. Le journalisme n'est qu'une des multiples activités d'Alexandra, qui fut aussi, tour à tour ou simultanément, chanteuse d'opéra, écrivaine, orientaliste et exploratrice !

Alexandra David-Néel est particulièrement attirée par l'Asie. Après plusieurs voyages en Inde, au Japon, en Corée, en Mongolie et en Chine, puis une retraite de trois ans au monastère de Kumbum au Tibet, entre 1921 et 1924, elle parvient, déguisée en mendiante, à pénétrer dans Lhassa, la capitale interdite. Démasquée pour cause de trop grande propreté – elle allait se laver tous les matins à la rivière, attitude surprenante pour une mendiante ! –, elle rentre en France en 1928 et se fixe à Digne. C'est là qu'elle meurt, plus que centenaire, en 1969, non sans avoir effectué bien d'autres périples, dont un long séjour en Chine entre 1937 et 1946, au cours duquel elle est témoin des horreurs de la guerre sino-japonaise. Ses cendres ont été, comme elle le souhaitait, dispersées dans le Gange en 1973.

MARGUERITE STEINHEIL

Aventurière (1869-1954)

« Le Président a-t-il encore sa connaissance ? »

« Non, monsieur l'Abbé, on l'a fait filer par une porte dérobée. » Passé à la postérité, cet échange entre un garde républicain de l'Élysée et le prêtre accouru au chevet du président Félix Faure pour lui administrer l'extrême-onction, le 16 février 1899, évoque le scandale politico-sentimental qui vaudra à Marguerite Steinheil le surnom de « Pompe funèbre » : c'est en effet pendant qu'elle lui prodiguait une certaine gâterie que Félix Faure a succombé à une attaque d'apoplexie…

Ce qu'on a appelé toutefois « l'affaire Steinheil » ne renvoie pas aux circonstances tragicomiques du décès de Félix Faure : il s'agit d'une affaire judiciaire qui éclate quelque neuf ans plus tard. Au matin du 31 mai 1908, le domestique des Steinheil, descendant à six heures du matin de sa chambre sous les combles, découvre

les corps sans vie du mari et de la mère de Marguerite. Quant à celle-ci, ligotée sur son lit et bâillonnée, elle affirme aux enquêteurs avoir été attaquée par quatre individus vêtus de noir.
Soupçonnée par les policiers d'être elle-même à l'origine de la macabre mise en scène, Marguerite est arrêtée et emprisonnée en novembre 1908. Jugée un an plus tard, elle est finalement acquittée faute de preuves. Certains historiens pensent aujourd'hui que l'assassin était en réalité un grand-duc de Russie, l'un des nombreux amants de Marguerite, et que l'affaire a été classée pour raison d'État.
Réfugiée à Londres après ce dernier scandale, Marguerite épouse le 26 juin 1917 le sixième baron Abinger, et termine tranquillement ses jours en Angleterre en 1954 comme une respectable lady !

THÉRÈSE DE LISIEUX

Sainte (1873-1897)

Quand la carmélite Marie Françoise Thérèse de l'Enfant-Jésus et de la Sainte-Face décède à Lisieux en

1897, à l'âge de vingt-quatre ans, il n'y a guère qu'une petite trentaine de personnes pour suivre son cercueil : ce n'est qu'une pauvre sœur anonyme, une quasi-inconnue qui vient de rejoindre son Créateur. C'est de façon posthume que va s'affirmer la gloire de Thérèse. Elle-même n'avait-elle pas prévenu sur son lit de mort : « Je veux passer mon ciel à faire du bien sur la terre » ?
Thérèse Martin est née le 2 janvier 1873 à Alençon, cadette d'une famille de neuf enfants : cinq filles seulement atteindront l'âge adulte, et toutes se feront religieuses. Il faut dire que les parents Martin sont particulièrement pieux : les jeunes époux n'avaient-ils pas décidé de vivre ensemble comme frère et sœur avant d'en être dissuadés par leur confesseur ? La mère de Thérèse a fait alors le vœu de donner tous ses enfants à l'Église. Ainsi la jeune Thérèse entre-t-elle au carmel de Lisieux à l'âge de quinze ans, d'abord affectée aux tâches les plus humbles, puis nommée trois ans plus tard maîtresse des novices.

Sa vie n'est sainte que par son humilité : à l'instigation de sa supérieure, mère Agnès, Thérèse a décrit dans *L'Histoire d'une âme* cette « petite voie » qui permet à tous d'accéder à Dieu à travers l'accomplissement quotidien des gestes les plus simples. Cette leçon lui vaut d'être béatifiée en 1923, canonisée dès 1925, patronne des missions en 1929 et même docteur de l'Église depuis 1997.

COLETTE

Écrivaine (1873-1954)

C'est peut-être de son enfance heureuse en Bourgogne, dans le petit village de Saint-Sauveur-en-Puisaye où elle était née le 28 janvier 1873, que Colette a tiré l'énergie qui l'a animée tout au long de sa vie. Entre « Sido », mère adorée qu'elle mettra en scène dans l'un de ses romans, et un père militaire, Jules Colette, dont elle prendra le patronyme comme nom de plume, Sidonie Gabrielle grandit paisiblement au contact de la nature. Son destin bascule le jour où, encore adolescente, elle rencontre Henri Gauthier-Villars, dit « Willy », qu'elle épouse le 15 mai 1893. Écrivain, mondain et noceur, Willy introduit sa jeune épouse dans les cercles littéraires parisiens. À quatre mains, ils écrivent *Claudine à l'école*, qui paraît en 1900 et connaît un succès immédiat. Lassée des infidélités de son mari, Colette se lance

en 1906 dans le music-hall : elle fait alors scandale en se produisant sur scène dans des tenues suggestives et en collectionnant les conquêtes féminines.
Après son divorce d'avec Willy, elle épouse en 1912 Henri de Jouvenel, dont elle séduit bientôt le fils, Bertrand, de dix-sept ans son cadet ! Elle poursuit également sa carrière d'écrivain, multipliant les succès sulfureux avec des romans comme *Chéri* ou *Le Blé en herbe*. Élue à l'académie Goncourt en 1945, elle en devient présidente en 1949. Installée dans un appartement du Palais-Royal, elle meurt en 1954 entourée de ses chats, unanimement célébrée comme l'une des plus grandes écrivaines françaises. Elle aura droit à des funérailles nationales.

MADELEINE PELLETIER

Médecin et féministe (1874-1939)

Soucieuse de ne pas ressembler aux « poupées sexuelles » qui commencent à orner les couvertures des magazines, le docteur Madeleine Pelletier opte dans les années vingt pour l'habit masculin : constamment vêtue d'un costume trois-pièces, d'une chemise au col empesé et d'un canotier, elle contrefait également sa voix pour lui donner un timbre plus grave. Madeleine Pelletier n'est certes pas la première femme à s'être travestie en homme. Mais elle est la première pour qui ce travestissement est un acte politique : ressembler à un homme, c'est transgresser la stricte hiérarchie entre masculin dominant et féminin dominé.

Originale par sa tenue vestimentaire, Madeleine Pelletier l'est aussi par son parcours. Issue d'un milieu modeste, elle est la première femme à se présenter au concours d'internat des asiles d'aliénés de la Seine. Soutenue par Marguerite Durand et son journal *La Fronde*, elle obtient son diplôme de psychiatre en 1904. C'est sensiblement à la même époque qu'elle s'engage en politique : adhérant à la SFIO dès 1905, elle essaie de faire évoluer la ligne du parti sur la question des femmes et notamment du suffrage féminin : elle est elle-même une suffragiste engagée.

Néomalthusienne, elle milite également pour la diffusion de la contraception et la légalisation de l'avortement. Elle-même pratique des avortements clandestins, ce qui lui vaut d'être arrêtée en avril 1939, et internée à l'asile psychiatrique de Perray-Vaucluse où elle meurt le 19 décembre 1939, dans l'indifférence générale.

HENRIETTE CAILLAUX

Meurtrière (1874-1943)

Henriette Caillaux est-elle responsable du déclenchement de la Première Guerre mondiale ? En assassinant le 16 mars 1914 le directeur du *Figaro*, Gaston Calmette, qui orchestrait depuis plusieurs semaines, dans les colonnes de son journal, une campagne politique contre son époux Joseph Caillaux, elle compromet la carrière de ce dernier et l'empêche d'accéder à la présidence du Conseil : le 13 juin suivant, alors que la gauche vient de remporter les élections législatives, c'est finalement René Viviani, et non pas Joseph Caillaux à qui le poste était pourtant destiné, qui devient chef du gouvernement. Or, Caillaux était ouvertement partisan d'un rapprochement avec l'Allemagne, ou en tout cas d'un apaisement des tensions entre les deux pays : s'il avait été aux affaires en juillet-août 1914, n'aurait-il pas réussi à empêcher la guerre ?

En attendant, le Tout-Paris bruisse de rumeurs et attend avec impatience le procès de la belle Henriette, qui s'ouvre finalement le 20 juillet 1914. La femme de Caillaux assume son geste : elle a agi pour laver son honneur de bourgeoise bafouée, car Calmette menaçait de publier des lettres intimes échangées entre Henriette et Joseph alors qu'ils étaient mariés… mais chacun de son côté ! L'avocat d'Henriette joue sur des stéréotypes encore solidement ancrés à l'époque : l'assassinat de Calmette ne serait pas un acte prémédité, mais le geste inconsidéré d'une femme victime de ses nerfs. Le 28 juillet 1914, Henriette Caillaux est finalement acquittée, mais cela n'intéresse plus grand monde : l'Europe s'apprête en effet à basculer dans l'un des conflits les plus meurtriers de son histoire…

SUZANNE LACORE

Institutrice et sous-secrétaire d'État (1875-1975)

Suzanne Lacore partage avec Cécile Brunschvicg et Irène Joliot-Curie l'honneur d'être l'une des trois premières femmes à avoir exercé des responsabilités gouvernementales. C'était en 1936, dans le premier gouvernement de Front populaire dirigé par Léon Blum, et elles n'étaient pas ministres mais seulement sous-secrétaires d'État ! C'était cependant une victoire symbolique, à une époque où les Françaises n'avaient pas encore le droit de vote… Issue d'un milieu bourgeois, Suzanne Lacore est devenue institutrice puis directrice d'école primaire dans un village du Périgord. Entrée à la SFIO en 1906, elle participe en 1913 à la création au sein du parti du Groupe des femmes socialistes, destiné à faire spécifiquement campagne auprès des femmes de la classe ouvrière. Mais le groupe se déchire rapidement quand Suzanne Lacore et Louise Saumoneau veulent interdire aux femmes socialistes toute collaboration avec les « féministes bourgeoises » : pour Lacore, en effet, il n'y a pas de solidarité féminine par-delà les classes sociales, et la défense du prolétariat doit primer sur toute autre considération.

Décrite comme une militante timide et effacée, Suzanne Lacore a hésité avant d'accepter la proposition de Blum. Sous-secrétaire d'État à la Protection de l'enfance en 1936, elle crée notamment, pendant son mandat, la fonction de visiteuse sociale. Depuis sa mort, à plus de cent ans, en novembre 1975, de nombreuses écoles, crèches et autres lieux dédiés à l'enfance portent désormais son nom.

MATA-HARI

Danseuse et espionne (1876-1917)

Le 15 octobre 1917, la destinée de Mata Hari s'achève tragiquement dans les fossés du fort de Vincennes : la danseuse et espionne d'origine néerlandaise est fusillée après avoir été reconnue coupable de trahison. La jeune femme a refusé qu'on lui bande les yeux et envoie un dernier baiser aux soldats du peloton d'exécution. Son corps, que personne ne réclame, est confié au département d'anatomie de la faculté de médecine de Paris.

Margaretha Geertruida Zelle est née en 1876 à Leeuwarden (Pays-Bas), d'un père hollandais et d'une mère javanaise. Elle se marie à dix-huit ans avec un officier de marine qui l'emmène vivre en Indonésie : c'est là qu'elle s'initie à la danse orientale. De retour en Europe, elle se sépare de son mari en 1903 et s'installe à Paris, où elle triomphe bientôt dans un numéro de danse érotique sous le nom de Mata-Hari (« œil du ciel » en malais).

Pendant la Première Guerre mondiale, l'armée française lui confie une mission d'espionnage : en tant que ressortissante d'un État neutre, les Pays-Bas, Margaretha Zelle peut en effet continuer à franchir librement les frontières. Parcourant l'Europe, elle multiplie aussi les amants, en France comme en Allemagne. Soupçonnée par les Français de jouer un double jeu au profit des Allemands, Mata-Hari est jugée et condamnée à mort au terme d'un procès expéditif.

Quatre-vingt-dix ans après son exécution, les archives de son procès n'ont toujours pas été ouvertes. Sans doute le dossier d'accusation sonne-t-il creux, son rôle d'espionne ayant été semble-t-il tout à fait mineur. Reste son surnom, devenu synonyme de femme fatale et aventurière…

ANNA DE NOAILLES

Poétesse (1876-1933)

Anna de Noailles est, en compagnie d'autres dames de la bonne société comme Madame Alphonse Daudet ou encore Julie Gautier – fille de Théophile –, la fondatrice en 1904 du prix littéraire « Vie heureuse », qui deviendra quelque temps plus tard le prix Femina, toujours décerné aujourd'hui, et destiné à récompenser la meilleure œuvre française en prose ou en poésie.

Anna de Noailles s'est elle-même illustrée dans les deux genres. Cette aristocrate mi-roumaine mi-grecque, née à Paris le 15 novembre 1876, épouse du comte Mathieu de Noailles, a écrit ses premiers vers à l'âge de treize ans. Son premier recueil, *Le Cœur innombrable*, paraît en 1901 : on y trouve une poésie assez conventionnelle, inspirée du romantisme – Victor Hugo est la référence absolue d'Anna de Noailles –, mais où passe néanmoins un certain souffle lyrique. Fréquentant le monde des lettres, elle devient rapidement la coqueluche du Tout-Paris, accueillant dans son salon de l'avenue Hoche certains des plus grands écrivains de l'épique : Claudel, Colette, Gide, Valéry, Cocteau, ou encore Proust dont elle devient l'amie intime et qui s'inspire d'elle pour composer l'un des personnages de la *Recherche du temps perdu*.

Elle publie en tout une quinzaine de recueils de poésies, qui montrent une évolution de son inspiration : alors que son lyrisme était d'abord tourné vers la nature, il devient au fil du temps de plus en plus obsédé par la mort, la comtesse connaissant assez tôt d'importants problèmes de santé. Elle meurt à Paris le 30 avril 1933 et est enterrée au Père-Lachaise.

ISABELLE EBERHARDT

Exploratrice et écrivaine (1877-1904)

C'est grâce aux travaux d'Edmonde Charles-Roux qu'Isabelle Eberhardt est sortie à la fin des années quatre-vingt de l'oubli où elle était plongée depuis sa mort prématurée en 1904. Qui se souvenait auparavant de cette jeune aventurière suisse d'origine russe, naturalisée française en 1901 par son mariage avec le musulman français Slimane Ehnni ?

Née à Genève le 17 février 1877, Isabelle Eberhardt a connu une existence brève mais passablement mouvementée. Attirée depuis toujours par l'Afrique du Nord, Isabelle quitte les bords du lac Léman et s'installe à Bône en 1897 : c'est là qu'elle rencontre celui qui deviendra son mari. Fuyant la compagnie des colons européens, elle se convertit à l'islam, se travestit en Bédouin et

passe plusieurs mois dans le désert. C'est une expérience autant matérielle que spirituelle, comme elle le raconte dans ses *Journaliers* publiés en 1922 : « Moi, à qui le paisible bonheur dans une ville d'Europe ne suffira jamais, j'ai conçu le projet hardi [...] de m'établir au désert et d'y chercher à la fois la paix et les aventures, choses conciliables avec mon étrange nature. »
Comparée à Rimbaud par certains de ses biographes, Isabelle Eberhardt partage avec le poète la fascination pour le désert, en l'occurrence le Sahara qu'elle sillonne sans relâche. Stigmatisée par les colons qui ne comprennent pas sa passion teintée de mysticisme pour la civilisation arabo-musulmane, elle meurt à Aïn-Sefra le 21 octobre 1904, dans l'inondation qui emporte sa maison. Elle laisse une dizaine d'ouvrages, à la fois précieux témoignages sur la vie en Algérie au temps de la colonisation française, et réflexions d'une nomade amoureuse de l'Afrique.

CÉCILE BRUNSCHVICG

Féministe et sous-secrétaire d'État (1877-1946)

« Le Président de la République quitte la France le 30 ou le 31 [mars]. Constitutionnellement, les chambres doivent donc se séparer. Voilà la discussion remise après Pâques. Quel ennui ! » C'est en ces termes que Cécile Brunschvicg évoque en 1922, dans une lettre à une autre militante féministe, le nouveau report de la discussion parlementaire sur le vote des femmes. Membre de l'Union française pour le suffrage des femmes (UFSF), fondée en 1909, Cécile Brunschvicg est en effet une suffragiste plus que déterminée.

Rien ne prédestinait pourtant cette jeune bourgeoise à l'action militante. Née le 19 juillet 1877 à Enghien-les-Bains dans un milieu aisé où l'éducation des filles apparaît comme superflue, Cécile Kahn passe « clandestinement » en 1894 son brevet supérieur – le diplôme qui clôt la scolarité secondaire des jeunes filles. C'est curieusement son mariage qui va la libérer : en 1899, Cécile épouse le philosophe Léon Brunschvicg, membre de la Ligue des droits de l'homme. C'est lui qui la pousse à s'investir dans le militantisme féministe.

En 1924, Cécile Brunschvicg adhère au Parti radical, espérant faire évoluer de l'intérieur ce parti très hostile au suffrage féminin. Nommée en 1936 sous-secrétaire d'État à l'Éducation nationale dans le premier gouvernement Blum, elle développe notamment les cantines scolaires. Inquiétée pendant la guerre à cause de ses origines juives, elle se réfugie dans le Midi de la France puis reprend à la Libération ses activités de militante, jusqu'à sa mort en 1946.

NELLY ROUSSEL

Féministe et néomalthusienne (1878-1922)

« Un fœtus est une portion du corps d'une femme dont elle ne peut être, sans tyrannie, empêchée de disposer à son gré comme de ses cheveux, de ses ongles, de son urine, de ses excréments » : en écrivant ces mots dans un article de la revue *Régénération* en septembre 1907, Nelly Roussel provoque un véritable scandale à une époque où l'avortement est un crime passible des assises, et où même les féministes ne réclament pas encore le droit des femmes à disposer de leur corps.

Née en 1878 dans une famille bourgeoise, Nelly Roussel ne reçoit pas une éducation très poussée, étant avant tout destinée, comme la plupart des jeunes filles de son milieu, à faire un beau mariage : elle épouse ainsi en 1898 le sculpteur Henri Godet. Or, son mari est un parent de Paul Robin, militant anarchiste qui a fondé en 1896 la Ligue de la régénération humaine. À travers lui, Nelly Roussel découvre le néomalthusianisme auquel elle adhère sans restriction : multipliant articles et conférences, elle prend inlassablement parti pour la libre maternité et le droit à l'avortement. Son discours est d'autant plus percutant qu'elle est elle-même heureusement mariée et mère de deux enfants.

Malgré la loi de 1920 qui réprime la propagande néomalthusienne, elle continue à militer jusqu'à sa mort prématurée en 1922. C'est seulement dans les années soixante-dix que les féministes de la deuxième vague reprendront ses arguments en faveur de la légalisation de l'avortement.

HÉLÈNE BRION

Féministe (1882-1962)

« Je comparais ici comme inculpée d'un délit politique : or je suis dépouillée de tous droits politiques [...]. La loi devrait être logique et ignorer mon existence lorsqu'il s'agit de sanctions autant qu'elle l'ignore lorsqu'il s'agit de droits. » Jugée en mars 1918 par le conseil de guerre de Paris pour avoir diffusé des brochures pacifistes, Hélène Brion pointe devant ses juges l'illogisme d'une société qui dénie aux femmes la citoyenneté tout en les poursuivant, au même titre que les hommes, pour des délits politiques.

Née à Clermont-Ferrand le 27 janvier 1882, fille d'un officier, Hélène Brion se retrouve très jeune orpheline. Après des études à l'école primaire Sophie-Germain à Paris, elle devient institutrice à Pantin en 1905 et, la même année, adhère à la SFIO ainsi qu'au Syndicat des instituteurs. Elle est également membre de diverses associations féministes qui revendiquent le suffrage féminin.

Quand la guerre éclate, Hélène Brion est d'abord va-t-en-guerre, comme d'ailleurs beaucoup de socialistes de l'époque. Mais en 1915, le Syndicat des instituteurs se prononce majoritairement pour le pacifisme et Hélène Brion se rallie à cette nouvelle ligne pour laquelle elle milite désormais. Accusée de défaitisme, elle est arrêtée en novembre 1917 et passe en jugement en mars 1918. C'est au cours de son procès qu'elle prononce l'auto-plaidoyer demeuré célèbre dans les milieux féministes, car elle y défend avant tout les droits des femmes. Condamnée à trois mois de prison avec sursis, révoquée de l'enseignement, elle consacre le restant de ses jours à la rédaction d'une monumentale « Encyclopédie féministe » aujourd'hui conservée à la bibliothèque Marguerite-Durand.

COCO CHANEL

Styliste de mode (1883-1971)

« Je veux un parfum qui sent la femme ! » : telles sont les instructions données en 1921 au « nez », Ernest Beaux, par Coco Chanel qui souhaite créer un parfum épuré, en accord avec les vêtements qu'elle dessine. Beaux présente à la couturière deux séries d'échantillons numérotés de 1 à 5 et de 20 à 24. Coco Chanel choisit l'échantillon n° 5 et lance ainsi la carrière d'un parfum devenu mythique.

Gabrielle Chanel revient de loin : ses débuts dans la vie ont été pour le moins difficiles. Née le 19 août 1883 à Saumur, Gabrielle Chanel est placée dans un orphelinat avec ses deux sœurs alors qu'elle n'a que douze ans. Elle exerce ensuite des activités diverses : demoiselle de magasin, chanteuse de music-hall, puis modiste à Paris. C'est l'un de ses amants qui lui prête en 1909 la somme nécessaire pour ouvrir une boutique de mode. C'est là qu'elle crée sa première ligne de vêtements et commence à connaître le succès. En 1923, elle lance le fameux tailleur-jupe qui devient la marque de fabrique de celle pour qui l'élégance réside dans la simplicité. Après une éclipse dans les années quarante, elle retrouve le succès en 1954 ; il ne se démentira plus jusqu'à sa mort, à l'âge de quatre-vingt-sept ans, à l'hôtel Ritz où elle avait élu domicile.

Coco Chanel est la seule représentante du monde de la haute couture à avoir été citée par le magazine *Time* en 1999 comme l'une des « cent personnes les plus influentes du XXe siècle ». Belle revanche pour la pauvre petite orpheline de Saumur…

MARIE LAURENCIN

Peintresse (1885-1956)

Marie Laurencin est célèbre pour ses aquarelles tout autant que pour sa liaison tumultueuse et passionnée avec Guillaume Apollinaire dont elle est souvent présentée comme l'égérie : un tableau de Guillaume et Marie peint par le Douanier Rousseau en 1909 n'est-il pas sous-titré « Le poète et sa muse » ? Née à Paris le 31 octobre 1883, Marie est une enfant naturelle élevée par sa mère, modeste couturière. Attirée très tôt par les arts graphiques, Marie étudie la peinture sur porcelaine à Sèvres à partir de 1903, avant de poursuivre son éducation artistique à l'académie Humbert à Paris. En 1907, elle expose pour la première fois au Salon des indépendants et fréquente les artistes du « Bateau-Lavoir » : c'est là qu'en 1908 Picasso lui présente le poète Apollinaire, avec qui elle entretient jusqu'en 1912 une relation orageuse et chaotique.

Mariée en 1914 avec un baron allemand, elle se réfugie avec lui en Espagne au moment où éclate le premier conflit mondial. Pendant la guerre, elle peint abondamment et commence à affirmer son style, fait de couleurs pastel et de formes stylisées.

De retour à Paris en 1920, elle met son art au service du portrait féminin, avec des modèles prestigieux comme Coco Chanel, mais aussi beaucoup de femmes et de jeunes filles anonymes. Elle s'illustre également comme décoratrice pour les ballets de Diaghilev et, plus tard, de Roland Petit.
Continuant à peindre jusqu'à sa mort, elle a été, selon sa dernière volonté, inhumée vêtue d'une robe blanche, une rose dans une main et, dans l'autre, une lettre d'amour d'Apollinaire…

BERTIE ALBRECHT

Résistante (1893-1943)
Installée à Londres depuis 1924 avec son riche mari néerlandais Frédéric Albrecht, la jeune Bertie s'ennuie : son agréable vie mondaine ne suffit pas à satisfaire cette femme engagée, militante féministe et proche du Parti communiste. Née en 1893 dans une famille protestante de la bourgeoisie marseillaise, Bertie Wild s'est toujours sentie en décalage avec son milieu. Séparée de son mari, elle s'installe à Paris en 1932 et milite pour la liberté

de la contraception. Consciente dès 1933 des dangers du nazisme, elle accueille dans les années trente des réfugiés politiques allemands dans sa maison du Var.
La Seconde Guerre mondiale la voit donc logiquement s'engager dans la résistance, auprès d'un jeune homme issu de la bourgeoisie catholique conservatrice qu'elle a rencontré en 1934 et qui est devenu son amant : Henri Frenay. Dès le mois d'août 1940, ils rassemblent autour d'eux une ébauche du réseau qui deviendra en juin 1941 « Combat ». Bertie Albrecht organise des filières d'évasion et aide des prisonniers de guerre à franchir la ligne de démarcation.
Arrêtée à deux reprises par la police de Vichy, en octobre 1941 et janvier 1942, elle parvient à s'échapper mais refuse d'arrêter ses activités clandestines. Appréhendée une nouvelle fois le 28 mai 1943, elle est incarcérée à Fresnes et succombe sous la torture, ou bien se suicide pour éviter de parler – les circonstances exactes de sa mort n'ont jamais été élucidées. Nommée compagnon de la Libération elle est l'une des six femmes à avoir reçu ce titre –, elle est inhumée au mont Valérien depuis le 11 novembre 1945.

LOUISE WEISS

Militante féministe (1893-1983)

Le 3 mai 1936, Louise Weiss assiste au stade de Colombes à la finale de la Coupe de France de football. Elle n'est pas pour autant amatrice de ballon rond ; son but est d'attirer l'attention du président de la République sur la cause qu'elle défend : celle du vote des femmes. Avec l'aide de militantes de son association, « La Femme nouvelle », elle lâche depuis les gradins des dizaines de ballons auxquels sont fixés des tracts suffragistes : au son de la Marseillaise, ils voguent au-dessus de l'arène jusqu'à la tribune d'Albert Lebrun. Inspiré de l'action des suffragettes anglaises qui ont obtenu gain de cause en 1918, ce lâcher de ballons n'est que l'une des nombreuses initiatives de l'inventive Louise Weiss, qui ne recule devant rien pour faire progresser la cause des femmes. Née en 1893, cette agrégée de lettres s'est d'abord fait connaître par ses grands reportages en Europe centrale et en URSS. Ce n'est que progressivement qu'elle se convertit à la cause des femmes, regrettant les divisions et la politisation des associations féministes. Avec « La Femme nouvelle », créée en 1934, elle se lance pour sa part dans l'action de

terrain : manifestations de protestation devant le Sénat – la Chambre haute s'oppose en effet fermement au vote des femmes –, charivari sous les fenêtres du sénateur Henri Merlin, organisation d'élections parallèles lors des municipales de 1935…
Si son action dans les années trente n'a pas rencontré le succès, Louise prendra sa revanche quelque quarante ans plus tard : élue en 1979 au Parlement européen de Strasbourg, elle y prononce, en tant que doyenne, le discours d'ouverture de cette institution désormais élue par l'ensemble des pays de la CEE.

CLAIRE FERCHAUD

Bergère (1896-1972)

Le 21 mars 1917, Raymond Poincaré reçoit au palais de l'Élysée une bien étrange visite : celle d'une jeune bergère vendéenne nommée Claire Ferchaud, qui prétend lui transmettre rien moins qu'un message du Christ. « Le Sacré-Cœur s'adresse à vous, affirme-t-elle au chef de l'État. Il veut que la France officielle reconnaisse

Dieu pour maître, et Il veut pour nos temps actuels que son Cœur soit peint sur nos couleurs nationales. »
Née à Loublande, petit village de Vendée, le 5 mai 1896, la jeune Claire a très tôt manifesté des penchants mystiques : Jésus lui apparaît dès son âge le plus tendre. En 1916, il la charge d'une mission : celle de bouter les Allemands hors de France, à condition que la République renonce à sa politique anticléricale et accepte de parer son drapeau des couleurs du Sacré-Cœur. Soutenue par une partie du clergé français, Claire suscite en 1916-1917 un important mouvement d'opinion : surnommée par ses partisans « la nouvelle Jeanne d'Arc », elle fait naître chez beaucoup de croyants l'espoir d'une intervention divine en faveur de la victoire française.
Mais Claire semble avoir frappé à la mauvaise porte : sous la IIIe République, le chef de l'État n'a guère de pouvoirs, et sûrement pas celui de modifier la bannière tricolore. De plus, la République n'est pas prête à obéir aux ordres du Christ, même pour remporter la victoire. Désavouée par l'Église, Claire voit sa mission militaire et religieuse bloquée par les autorités publiques. La guerre sera finalement gagnée, mais sans le secours du Sacré-Cœur…

IRÈNE JOLIOT-CURIE

Physicienne et sous-secrétaire d'État (1897-1956)

Chez les Curie, le prix Nobel est une tradition familiale ! En 1935, Irène Joliot-Curie obtient, conjointement avec son mari Frédéric, le prix Nobel de chimie. Elle ne bat pas toutefois le record de sa mère Marie Curie, qui avait décroché deux prix successifs…

Fille de deux scientifiques de renom, Irène a suivi la voie tracée par ses parents. Une fois son bac en poche, elle devient en 1918 l'assistante de sa mère à l'Institut du radium, à Paris. Quelque temps plus tard, elle rencontre Frédéric Joliot, chercheur au Collège de France, qu'elle épouse en 1926. Seule ou en collaboration avec Frédéric, Irène effectue des travaux de physique nucléaire et des recherches sur la structure de l'atome, qui la conduisent à la découverte du neutron en 1932, de la radioactivité artificielle en 1934, et lui valent le prix Nobel en 1935.

Proche dans les années trente du Parti communiste, membre du Comité mondial des femmes contre la guerre et le fascisme, Irène est choisie par Léon Blum en 1936 pour faire partie des trois femmes qui intègrent le gouvernement de Front populaire.

Nommée sous-secrétaire d'État à la Recherche scientifique, elle prend aussitôt à la radio la défense du droit au travail des femmes: « Ce sera une grande joie pour moi si je puis contribuer à sauvegarder en France le droit le plus précieux: exercer, dans les mêmes conditions que les hommes, les professions pour lesquelles elles sont qualifiées par leur instruction et leur travail. » Comme sa mère Marie, Irène est morte en 1956 d'une leucémie due à une surexposition aux rayonnements radioactifs.

MARYSE BASTIÉ

Aviatrice (1898-1952)

Le dimanche 6 juillet 1952, lors d'un meeting aérien à l'aérodrome de Lyon-Bron, et alors qu'elle n'est que passagère du *Nord 2501*, prototype d'avion destiné à l'armée de l'air, l'aviatrice Maryse Bastié décède brutalement, ainsi que les trois autres passagers et le pilote, quand l'avion s'écrase au sol et prend feu. Ainsi se termine la carrière de celle qui fut l'une des premières femmes à piloter un avion, détentrice de nombreux records.

C'est son filleul de guerre Louis Bastié, devenu plus tard son époux, qui a initié Maryse à l'aviation. En 1925, elle obtient son brevet de pilote et accomplit son premier exploit : voler sous les câbles du pont transbordeur de Bordeaux. La mort de son mari dans un accident d'avion l'année suivante ne la dégoûte pas pour autant de l'aviation : elle donne des cours de pilotage, organise des baptêmes de l'air, tout en établissant différents records – notamment, en 1930, le record international féminin de durée de vol avec trente-sept heures cinquante-cinq minutes passées dans les airs…

Encouragée par Mermoz, elle passe à la vitesse supérieure en réussissant en décembre 1936 la traversée de l'Atlantique Sud, de Dakar au Sénégal à Natal au Brésil. Au service de la Croix-Rouge pendant la Seconde Guerre mondiale, Maryse recueille en sous-main des renseignements sur l'occupant, qu'elle transmet à la Résistance.

Après tant de records décrochés, et tant de missions dangereuses menées à bien pendant la guerre, c'est presque une ironie du sort de voir Maryse Bastié trouver la mort en 1952 lors d'un simple meeting aérien…

ARLETTY

Actrice (1898-1992)

« J'ai le cœur aussi français que le vôtre ; mon cul, lui, est international ! », lance crânement Arletty au jeune FFI venu l'arrêter en ce mois de décembre 1944. Que reproche-t-on à Arletty en ces heures troublées qui suivent la Libération ? De s'être affichée depuis 1940 en compagnie d'un officier allemand, d'avoir participé entre 1940 et 1944 à tous les événements de la vie mondaine parisienne, sans se préoccuper de la présence constante de l'occupant. Frappée d'une interdiction de travailler de trois ans, Arletty remonte néanmoins sur les planches dès 1947 et recommence à tourner. Mais sa carrière de vedette est définitivement brisée.

Née Léonie Bathiat à Courbevoie, le 15 mai 1898, Arletty est d'abord mannequin chez Poiret avant de débuter au cinéma en 1930. Elle devient très rapidement célèbre en incarnant des personnages issus du Paris populaire – elle-même est très fière d'être originaire de la banlieue parisienne. Parmi ses rôles marquants figurent Madame Raymonde, la prostituée d'*Hôtel du Nord* en 1938 – qui ne se rappelle pas la célèbre réplique lancée à Louis Jouvet avec toute la gouaille d'Arletty : « Atmosphère, atmosphère ! Est-ce que j'ai une gueule d'atmosphère ? » – ou encore la Garance des *Enfants du paradis* en 1943.

Devenue aveugle dans les années soixante, elle se retire définitivement des écrans mais continue de prêter sa voix à des documentaires. Quand elle décède en 1992 à l'âge de quatre-vingt-quatorze ans, le cortège mortuaire transportant sa dépouille fait halte le long du canal Saint-Martin, devant l'hôtel du Nord, alors même que le film mythique avait été entièrement tourné... dans des studios de Joinville-le-Pont !

SUZANNE LENGLEN

Joueuse de tennis (1899-1938)

Au stade Roland-Garros, qui accueille chaque année l'un des tournois de tennis les plus prestigieux du grand chelem, un court porte depuis 1997 le nom de celle qui fut dans les années vingt la première star internationale du tennis féminin. Née à Compiègne le 24 mai 1899, la jeune Suzanne commence à jouer au tennis à l'âge de onze ans. Son père, qui lui a offert sa première raquette, est très vite frappé par l'aisance de Suzanne sur le court familial, et décide de s'improviser entraîneur. Dès 1914, alors qu'elle a quinze ans à peine, elle est sacrée championne du monde sur terre battue au tournoi de Saint-Cloud.

La Première Guerre mondiale interrompt les compétitions sportives internationales, mais pas l'entraînement régulier de Suzanne qui affronte beaucoup d'adversaires masculins – amis de la famille en permission qui viennent rendre visite aux Lenglen –, ce qui lui permet de s'endurcir physiquement et d'améliorer sa technique.

Dès 1919, elle reprend la compétition et l'emporte en finale à Wimbledon. C'est le début pour Suzanne d'une série de succès foudroyants : elle gagne cinq fois de plus à Wimbledon – de 1920 à 1923, puis à nouveau en 1925 –, et remporte six fois les Internationaux de France – de 1920 à 1923, puis en 1925 et 1926.

Mettant un terme à sa carrière amateur en 1926, elle entreprend en 1926-1927 une tournée professionnelle aux États-Unis. De retour en France, elle ouvre à Paris une école de tennis. Terrassée une dizaine d'années plus tard par une leucémie foudroyante, l'ancienne championne s'éteint le 4 juillet 1938.

GERMAINE POINSO-CHAPUIS

Femme politique (1901-1981)

Germaine Poinso-Chapuis est une figure aujourd'hui bien oubliée de la vie politique française de l'après-guerre. Alors même que lui revient l'honneur d'avoir été en France la première femme ministre de plein exercice, elle est moins connue que les trois femmes qui ont intégré en 1936 le gouvernement de Front populaire : ces dernières n'étaient pourtant que sous-secrétaires d'État !

Née en mars 1901 dans une famille de la petite bourgeoisie marseillaise, Germaine Chapuis fait de brillantes études de droit et s'inscrit à l'âge de vingt ans au barreau de Marseille. Elle s'engage dès les années vingt dans la vie associative de sa ville, tant auprès des féministes laïques radicales qu'aux côtés des catholiques conservatrices. C'est toutefois la période de la Seconde Guerre mondiale qui lui permet de donner pleinement sa mesure : proche de Gaston Defferre, elle défend les « terroristes » jugés par Vichy, héberge des Juifs et des résistants, avant d'intégrer finalement le réseau Alliance dirigé par Marie-Madeleine Fourcade.

Élue députée MRP des Bouches-du-Rhône en 1945, elle se voit confier en 1947 par Robert Schuman le ministère de la Santé et de la Population, devenant ainsi la première femme ministre, même si son passage au gouvernement n'est que de courte durée. Après la fin de son mandat de députée en 1956, elle reste engagée jusqu'au bout dans le milieu associatif. On dit que c'est en assistant à l'un de ses meetings au début des années soixante que le jeune Jean-Claude Gaudin, futur maire de Marseille, décida de s'engager en politique…

MARGUERITE YOURCENAR

Écrivaine (1903-1987)

Interrogée en juillet 1976 sur son rapport à la création littéraire, Marguerite Yourcenar déclare que « la relation entre l'écrivain et ses personnages est difficile à décrire. C'est un peu la même qu'entre des parents et des enfants ». Curieuse déclaration pour celle qui n'a pas connu sa mère, morte dix jours après sa naissance, et qui n'a elle-même jamais eu d'enfants ! La petite Marguerite a eu néanmoins, il est vrai, des relations très fortes avec son père, Michel de Crayencour, un homme très cultivé qui a eu sur elle une influence intellectuelle certaine. L'année du décès de ce père adoré, en 1929, la jeune Marguerite publie son premier roman, et continue à voyager comme elle l'avait fait avec lui, visitant successivement la Grèce, l'Italie et l'Europe centrale. Continuant à publier dans les années trente, elle prend le nom de plume de « Yourcenar » qui n'est autre que l'anagramme de son nom, Crayencour. En 1939, alors que les rumeurs de guerre se précisent en Europe, elle s'installe aux États-Unis avec son amie Grace Frick. C'est à partir des années cinquante que vient le succès littéraire, avec les *Mémoires d'Hadrien* en 1951, ou encore *L'œuvre au noir*, prix Femina en 1968.

À la fin des années soixante-dix, Jean d'Ormesson décide de soutenir la candidature de Marguerite Yourcenar, écrivaine désormais reconnue, à l'Académie française, cette institution si profondément masculine – d'aucuns diront même misogyne… Après une intense campagne menée par l'académicien, et non sans quelques réticences de la part de certains « immortels », Marguerite de Crayencour devient en 1980 la première femme admise sous la Coupole.

HÉLÈNE BOUCHER

Aviatrice (1908-1934)

Comme sa contemporaine Maryse Bastié, elle aussi aviatrice, Hélène Boucher est morte dans un accident d'avion : un destin tragique qui semble avoir été celui de beaucoup de pionniers de l'aviation, hommes ou femmes...

Hélène Boucher est née le 23 mai 1908 à Guyancourt, dans un milieu de la bourgeoisie aisée. Son destin d'aviatrice se noue le 4 juillet 1930, à l'âge de vingt-deux ans : ce jour-là, Hélène effectue son baptême de l'air, une vingtaine de minutes de vol au-dessus de l'aérodrome d'Orly dans un biplace Moth Gipsy. L'expérience la bouleverse : elle a trouvé sa vocation ! Dès l'année suivante, elle obtient son brevet de pilote (le vingt et unième accordé à une femme), et prend part à une série de meetings aériens. Le 22 juillet 1932, alors qu'elle participe au rallye aérien Caen-Deauville – elle est la seule femme inscrite dans la compétition –, le moteur de son avion lâche brusquement et Hélène doit se poser en urgence, encastrant son appareil dans les branches d'un arbre. Elle s'en tire sans une égratignure. Plus de peur que de mal...

Dans les deux années qui suivent, Hélène multiplie les records de vitesse, notamment en 1934 le record international toutes catégories sur mille kilomètres à 409 kilomètre-heure. Le 30 novembre 1934, au cours d'un simple vol d'entraînement au-dessus de l'aérodrome de Guyancourt, l'avion d'Hélène s'écrase lourdement au sol et elle décède dans l'ambulance qui la conduit à l'hôpital. Décorée de la Légion d'honneur à titre posthume, elle est inhumée au petit cimetière de Yermenonville, village de son enfance. Le jour de son enterrement, un avion jette sur sa tombe une gerbe d'œillets blancs…

SIMONE DE BEAUVOIR

Philosophe, féministe et écrivaine (1908-1986)

Alors qu'on célébrait en janvier 2008 le centenaire de sa naissance, Simone de Beauvoir a de nouveau créé la polémique, mais cette fois bien malgré elle : un célèbre hebdomadaire a fait sa une en janvier 2008 sur une photo dénudée de la philosophe. L'initiative a déclenché l'ire des associations féministes, « les Chiennes de

Garde » déclarant notamment qu'« une fois de plus, les femmes doivent se mettre à poil avant de parler »...

De son vivant déjà, Simone de Beauvoir a, sinon fait scandale, en tout cas dérangé, par son mode de vie comme par ses prises de position. Née le 9 janvier 1908 dans un milieu aisé, elle se distingue très tôt par des qualités intellectuelles exceptionnelles. En 1929, alors qu'elle prépare l'agrégation de philosophie, elle fait la connaissance de Jean-Paul Sartre. Cette rencontre se révèle décisive à tous points de vue : leur intense relation, amoureuse et intellectuelle, ne cessera qu'avec la mort de Sartre en 1980.

Simone de Beauvoir obtient la consécration en 1949 en publiant *Le Deuxième Sexe,* ouvrage fondateur de la deuxième vague de féminisme des années soixante-soixante-dix, dans lequel elle affirme entre autres qu'« on ne naît pas femme, on le devient ». À partir de 1958, elle se consacre à la rédaction de son autobiographie, tout en demeurant une femme engagée, contre la guerre d'Algérie et pour la légalisation de l'avortement. Elle meurt en 1986, six ans après Sartre. Au moment de la mort de son compagnon, elle avait déclaré : « Sa mort nous sépare. Ma mort ne nous réunira pas. C'est ainsi ; il est déjà beau que nos vies aient pu si longtemps s'accorder. »

MARIE-MADELEINE FOURCADE

Résistante (1909-1989)

Aigle, Martinet, Criquet, Pie, Rouge-gorge, Hermine : voici quelques-uns des noms de guerre choisis par les camarades de Marie-Madeleine Fourcade au sein du réseau de résistance Alliance, logiquement surnommé l'« Arche de Zoé ». Elle-même a pris le pseudonyme de « Hérisson » depuis qu'elle s'est engagée dans ce réseau de renseignement militaire créé en 1940 et rattaché en 1941 à l'Intelligence Service britannique.

Née en 1909 à Marseille, la belle Marie-Madeleine épouse en premières noces l'officier Méric, en poste au Maroc. Ni le mariage ni l'arrivée de deux enfants ne suffisent toutefois à combler ses aspirations, la jeune femme ayant dès avant la guerre le goût de l'action secrète. Sa rencontre avec Georges Loustaunau-Lacau s'avère décisive : en 1937, elle devient secrétaire générale de Corvignolles, un service de renseignement anticommuniste fondé au sein de l'armée française en 1936 par ce militaire de carrière proche de l'extrême droite. En septembre 1940, Loustaunau-Lacau met sur pied un réseau destiné à établir des contacts avec les services secrets anglais. Dénommé « Navarre » puis « Alliance », le réseau quadrille d'abord la zone Sud puis, à partir de 1943, l'ensemble du territoire français. « Alliance » accueille par vagues successives tous les déçus du pétainisme et comptera jusqu'à trois mille membres. Après l'arrestation de Loustaunau-Lacau en juillet 1943, c'est Marie-Madeleine Fourcade qui lui succède à la tête d'Alliance, qu'elle mène d'une main de fer. À la Libération, elle sera la seule femme reconnue comme chef de réseau de Résistance.

DANIELLE CASANOVA

Résistante (1909-1943)

Que reste-t-il aujourd'hui de Danielle Casanova ? Si elle a donné son nom à des rues et des places dans quelques villes françaises, ainsi qu'à un bateau assurant la liaison entre Marseille et la Corse, plus grand monde ne se souvient du parcours de la jeune résistante communiste, née à Ajaccio le 9 janvier 1909 et morte en déportation à Auschwitz le 9 mai 1943.

Fille d'instituteurs, Danielle Casanova, née Vincentella Périni, s'est engagée très tôt dans l'action politique. Inscrite à l'École dentaire de Paris à la fin des années vingt, elle adhère en 1928 aux Jeunesses communistes et découvre à la faculté de médecine l'Union fédérale des étudiants, organisation de gauche dont elle prend la tête quelques années plus tard – elle y fait notamment la connaissance de son futur mari, Laurent Casanova, qui deviendra le secrétaire de Maurice Thorez.

De 1936 à 1939, elle dirige « l'Union des jeunes filles de France », mouvement pacifiste et antifasciste : les jeunes militantes organisent par exemple en 1936-1937 une vaste collecte de lait concentré à destination des enfants espagnols victimes de la guerre civile. Danielle Casanova entre dans la clandestinité dès septembre 1939, au moment de l'interdiction du Parti communiste. Publiant de la presse clandestine, mettant sur pied en octobre 1940 les comités féminins communistes de la région parisienne, organisant des manifestations contre l'occupant, elle devient rapidement suspecte. Arrêtée par la police française le 14 février 1942, livrée à la Gestapo, elle meurt du typhus à Auschwitz le 9 mai 1943.

SIMONE WEIL

Philosophe (1909-1943)

« Le régime capitaliste consiste en ce que le rapport entre le travailleur et les moyens du travail se renverse : le travailleur, au lieu de les dominer, est dominé par eux. » Tirée de son ouvrage *Le Capital et l'Ouvrier*, rédigé en 1932, cette citation résume bien l'engagement de la philosophe Simone Weil.

Sœur du mathématicien André Weil, Simone Weil est née en 1909 dans une famille juive de la bourgeoisie parisienne. Elle a d'abord un parcours qui, pour être classique, n'en est pas moins brillant : normalienne, puis agrégée de philosophie en 1931, elle enseigne ensuite dans différents lycées de province. Mais cela ne suffit pas à cet esprit exigeant : abandonnant quelque temps l'enseignement, elle se fait engager comme OS chez Renault en 1934-1935, afin de pouvoir parler de la condition ouvrière « en connaissance de cause ». Participant aux grandes grèves du printemps 1936, elle s'engage pour un temps dans la guerre civile espagnole, aux côtés des républicains. Rentrée en France, elle doit fuir Paris en 1940 avec sa famille, victime des persécutions contre les Juifs. Ayant rallié de Gaulle à Londres, elle est déçue de ne pouvoir rejoindre les rangs de la Résistance intérieure en France occupée – l'entourage de De Gaulle s'y refuse – et renonce en juillet 1943 à son poste de rédactrice dans les services de la France libre. Un mois plus tard, le 24 août 1943, elle meurt de la tuberculose au sanatorium d'Ashford, dans le Kent. C'est la publication posthume de ses œuvres qui la rendra célèbre.

LUCIE AUBRAC

Résistante (1912-2007)

« Ils partiront dans l'ivresse » : à trois reprises, le 7 février 1944, Radio Londres a diffusé ce message codé sur ses ondes clandestines. Lucie et Raymond Aubrac savent ainsi que leur départ pour l'Angleterre est confirmé : ils s'envoleront effectivement vers la capitale britannique dès le lendemain, pour continuer le combat contre l'occupant, entamé quatre années auparavant.

Née à Mâcon le 29 juin 1912, fille de vignerons bourguignons, Lucie Bernard, après de brillantes études, est nommée professeur d'histoire à Strasbourg en 1938. C'est là qu'elle rencontre un jeune ingénieur des Ponts et Chaussées, Raymond Samuel, qu'elle épouse l'année suivante. Dès le départ, les époux Samuel refusent l'Occupation et, plus encore, la politique de collaboration. En 1940, ils rencontrent Emmanuel d'Astier de La Vigerie et fondent avec lui le réseau de résistance « Libération ». Le couple prend alors le pseudonyme d'« Aubrac » sans entrer toutefois dans la clandestinité : Lucie continue d'enseigner au lycée Edgar-Quinet de Lyon.

Au sein de « Libération », Lucie fait office d'agent de liaison et participe à la rédaction du journal clandestin. À deux reprises, en mars puis en juin 1943, Raymond Aubrac est arrêté ; par deux fois, Lucie parvient à le faire libérer. Désormais contraints de se cacher, les époux Aubrac partent le 8 février 1944 pour Londres, où Lucie donne naissance quelques jours plus tard à leur deuxième enfant. Depuis la fin de la guerre, Lucie Aubrac n'a cessé de témoigner de son expérience auprès de générations d'élèves.

MARGUERITE DURAS

Écrivaine (1914-1996)

En 1984, et contre toute attente, Marguerite Duras reçoit le prix Goncourt pour son roman *L'Amant*. Alors que le célèbre prix est censé récompenser des écrivains débutants, les jurés ont décidé de couronner cette année-là une romancière déjà largement reconnue, pour un ouvrage qui est sans doute, il est vrai, l'un des plus accessibles de son autrice…

Dans *L'Amant*, Marguerite Duras revient sur son enfance et sa jeunesse indochinoises. Marguerite Donnadieu en effet est née le 4 avril 1914 à Gia Dinh, près de Saigon, où son père est directeur d'école et sa mère, institutrice. Veuve en 1921, Marie Donnadieu rentre en France avec ses enfants, avant de repartir en 1924 à Phnom Penh, au Cambodge, puis de nouveau à Saigon. Pensionnaire au lycée de Saigon, Marguerite, en 1929, rencontre un jeune et riche Chinois dont elle devient la maîtresse – c'est l'expérience qu'elle raconte dans *L'Amant.*

De retour en métropole, Marguerite épouse en 1939 Robert Anthelme et s'engage avec lui dans la Résistance. C'est pendant la guerre, en 1943, qu'elle publie son premier ouvrage, *Les Impudents,* sous le pseudonyme de Marguerite Duras. Dès lors, elle ne cesse plus d'écrire, des romans mais aussi des pièces de théâtre, des adaptations de textes étrangers et des centaines d'articles. C'est avec le succès d'*Un barrage contre le Pacifique,* publié en 1950, qu'elle s'impose comme une écrivaine incontournable du paysage littéraire français, et avec *Hiroshima mon amour,* film d'Alain Resnais sorti en 1959, dont elle a écrit le scénario et les dialogues, qu'elle acquiert une renommée internationale.

FRANÇOISE GIROUD

Journaliste (1916-2003)

Françoise Giroud a profondément marqué le journalisme français d'après-guerre : engagée en 1945 par Hélène Lazareff, elle lance le magazine *Elle,* hebdomadaire qui se veut l'incarnation de la femme moderne. Moins de dix ans plus tard, elle fonde en 1953 avec son compagnon Jean-Jacques Servan-Schreiber *L'Express,* destiné au départ à soutenir Pierre Mendès France et ses velléités réformatrices. Jusqu'en 1974, Françoise Giroud reste à la tête du magazine, comme directrice de la rédaction puis de la publication. Rien ne prédestinait vraiment Léa France Gourdji à cette carrière journalistique. Née à Genève le 21 septembre 1916, elle est la fille de Salih Gourdji, directeur de l'Agence télégraphique ottomane qui s'est réfugié en Suisse à la fin de la Première Guerre mondiale. France quitte l'école à seize ans et c'est munie d'un simple diplôme de dactylo qu'elle exerce divers métiers dans le milieu du cinéma français de l'entre-deux-guerres – elle est notamment script-girl pour Jean Renoir ou Marc Allégret.

Figure marquante du journalisme politique de l'après-guerre, plutôt marquée à gauche, elle soutient cependant en 1974 la volonté modernisatrice de Giscard, ce qui lui vaut le poste de secrétaire d'État à la Condition féminine qu'elle occupe de 1974 à 1976, lançant « cent mesures » en faveur des femmes – notamment l'ouverture de certains métiers encore considérés comme masculins. Quittant définitivement la politique en 1979, elle se consacre alors pleinement au journalisme et à la littérature, et reste jusqu'à sa mort en janvier 2003 une figure respectée de la vie intellectuelle française.

SIMONE VEIL

Femme politique (1927-2017)

« Il n'y a pas de loi Simone Veil. » En prononçant ces mots en 1975, la ministre de la Santé de Valéry Giscard d'Estaing défend une cause perdue : son nom reste en effet définitivement associé à la loi sur l'IVG qu'elle a défendue en novembre 1974 devant l'Assemblée nationale, permettant aux femmes « en situation de détresse » de ne pas mener à terme une grossesse non désirée.

Formidable destin que celui de Simone Veil ! Née à Nice en 1927 d'un père architecte, Simone Jacob est juive : arrêtée par la Gestapo avec sa mère et sa sœur en mars 1944, déportée avec elles au camp d'Auschwitz-Birkenau, elle entreprend dès son retour de brillantes études de droit. Avocate puis magistrate, elle n'entre que tardivement en politique au début des années soixante-dix, acquérant, grâce à la loi qui porte son nom, une aura symbolique qui la fait apprécier bien au-delà de sa famille politique. Mais Simone Veil n'a pas œuvré seulement pour la liberté des femmes à disposer de leur corps : elle est également une Européenne convaincue. Militant depuis toujours pour une réconciliation franco-allemande, elle devient en 1979 la première femme présidente du Parlement européen. Marquée à jamais par l'expérience des camps de la mort, elle est présidente d'honneur de la fondation pour la mémoire de la Shoah. Le 27 janvier 2005, pour la cérémonie du soixantième anniversaire de la libération d'Auschwitz, elle a exhorté les générations présentes et futures à rester vigilantes, afin que « le "plus jamais ça" de nos camarades devienne réalité ».

GISÈLE HALIMI

Avocate (1927-2020)

Dans *La Cause des femmes,* récit en partie autobiographique paru en 1973, Gisèle Halimi raconte les

engagements qui ont été les siens, tout au long d'une vie marquée par le refus de se résigner à sa condition.
C'est en effet la révolte contre un destin tout tracé qui la pousse à devenir avocate – au lieu de se contenter d'un « beau » mariage comme le souhaitent ses parents. Inscrite au barreau de Tunis en 1949, elle décide en 1956 de venir poursuivre sa carrière à Paris. Fortement engagée en faveur de l'indépendance algérienne, elle est aussi une militante de la cause des femmes.
C'est dans les années soixante-dix que son action féministe se concrétise, d'abord avec la création en 1971 de son association « Choisir », qui se fixe notamment pour objectifs de promouvoir la contraception et l'éducation sexuelle, et d'obtenir la suppression de la loi de 1920 qui réprime « la propagande anticonceptionnelle et la provocation à l'avortement ». Mais c'est en 1972 que Gisèle Halimi accède à la notoriété, avec le procès de Bobigny au cours duquel elle défend la jeune Marie-Claire, accusée de s'être fait avorter avec la complicité de sa mère et d'une collègue de celle-ci. Gisèle Halimi réussit à faire acquitter Marie-Claire, mais également à démontrer, au terme d'un procès très médiatisé, que la répression de l'avortement est désormais caduque.

Après l'adoption de la loi Veil en 1975, Gisèle Halimi continue à lutter contre ce qu'elle appelle des « bastions de la misogynie » : dans ce domaine, la route est encore longue…

ÉDITH CRESSON

Femme politique (née en 1934)

Édith Cresson détient deux records : celui d'avoir été la première femme Premier ministre en France ; celui aussi d'avoir occupé le moins longtemps ce poste sous la Ve République : onze mois seulement, du 15 mai 1991 au 2 avril 1992 !

Née le 27 janvier 1934 à Boulogne-Billancourt, Édith Campion est la fille d'un inspecteur des Finances proche de la SFIO. Diplômée de l'École de haut enseignement commercial pour jeunes filles et docteur en démographie, elle entre en politique en 1965, adhérant à la Convention des institutions républicaines (CIR), parti créé en 1964 par François Mitterrand qui devient alors son mentor. En 1971, elle rejoint le PS dont elle devient secrétaire nationale en 1974. Mais c'est l'élection de François Mitterrand à la présidence de la République en 1981 qui lance véritablement sa carrière. Première femme ministre de l'Agriculture en 1981, elle exerce par la suite diverses responsabilités gouvernementales, jusqu'à sa nomination au poste de Premier ministre par François Mitterrand le 15 mai 1991. Son discours d'investiture, prononcé à l'Assemblée nationale le 22 mai suivant, est l'occasion d'un déchaînement de misogynie, de la part de la classe politique comme des journalistes qui glosent interminablement sur la couleur de son tailleur ou sa voix haut perchée…

Malgré ses déclarations parfois maladroites et sa rapide impopularité, Édith Cresson a le mérite d'avoir ouvert aux femmes la voie vers d'autres fonctions, encore plus prestigieuses : en novembre 2006, elle s'était ainsi prononcée pour la candidature de Ségolène Royal à la présidence de la République.

SÉGOLÈNE ROYAL

Femme politique (née en 1953)

Fille d'un lieutenant-colonel d'artillerie de marine, Marie-Ségolène Royal a longtemps cru à son destin présidentiel et a pu un temps espérer accéder à la magistrature suprême.

Née à Dakar le 22 septembre 1953, elle est la quatrième d'une fratrie qui comptera en tout huit enfants, Marie-Ségolène connaît une enfance voyageuse au gré des affectations paternelles avant le retour à Chamal près d'Épinal, berceau des Royal depuis plusieurs générations. Diplômée de Sciences-Po et de l'ENA, Ségolène Royal adhère en 1978 au Parti socialiste et y fait rapidement ses classes : conseillère du président François Mitterrand, elle est élue députée en 1988 dans une circonscription des Deux-Sèvres traditionnellement marquée à droite.

C'est dans les années quatre-vingt-dix, toutefois, que sa carrière prend un essor national, comme ministre de l'Environnement dans le gouvernement Bérégovoy en 1992-1993, puis dans le gouvernement Jospin où elle est successivement ministre déléguée à l'Enseignement scolaire de 1997 à 2000, puis ministre déléguée à la Famille, l'Enfance et aux Personnes handicapées de 2000 à 2002. Elle a également un fort ancrage local puisqu'elle a présidé la région Poitou-Charentes de 2004 à 2014.

Candidate à la primaire socialiste en 2006 en vue des élections présidentielles de 2007, Ségolène Royal a dû faire face à des attaques sexistes, y compris dans son propre camp. Finalement désignée pour représenter le PS, elle est la première femme en France à se qualifier pour le second tour d'une élection présidentielle le 22 avril 2007, même si elle échoue finalement face à Nicolas Sarkozy, ne recueillant qu'un peu moins de 47 % des voix.

INDEX